寻梦之旅

——从北极到南极

赵险峰 ◎ 著

中国财经出版传媒集团
中国财政经济出版社

图书在版编目（CIP）数据

寻梦之旅：从北极到南极/赵险峰著 .—北京：中国财政经济出版社，2018.12

ISBN 978－7－5095－8627－3

Ⅰ.①寻… Ⅱ.①赵… Ⅲ.①游记－作品集－中国－当代 Ⅳ.①I267.4

中国版本图书馆CIP数据核字（2018）第247190号

责任编辑：樊清玉　　　　责任校对：胡永立

封面设计：陈宇琰

中国财政经济出版社 出版

URL：http：//www.cfeph.cn

E－mail：cfeph@cfeph.cn

社址：北京市海淀区阜成路甲28号　邮政编码：100142

营销中心电话：010－88191537

天猫网店：中国财政经济出版社旗舰店

网址：https：//zgczjjcbs.tmall.com

北京时捷印刷有限公司印刷　各地新华书店经销

710×1000毫米　16开　13.5印张　230 000字

2019年1月第1版　2019年1月北京第1次印刷

定价：59.00元

ISBN 978－7－5095－8627－3

（图书出现印装问题，本社负责调换）

本社质量投诉电话：010－88190744

打击盗版举报热线：010－88191661　QQ：2242791300

谨以此书献给：

我的父亲母亲和两个可爱的孙女艾玛、爱丽丝

目录

【第一部分　游记】

【第二部分　拜谒文化伟人故居和墓地】

第一部分

游记

赤道之国肯尼亚

我从来没有见到过如此可爱的国土，似乎仅仅凝视着它，
就足以使你终生快乐。光与影将大地交织，彩虹耸立于天际。

——卡伦·布里克森

我喜爱的丹麦女作家卡伦·布里克森在自传《走出非洲》中，用田园诗般的语言描绘了一个如诗如画、与它素未谋面的人都会为之动容的肯尼亚。那么，横跨赤道、东非大裂谷纵穿南北的“东非十字架”肯尼亚到底有何魅力？吸引卡伦·布里克森生活了17年，把心和爱永远留在了那里，再也没能“走出非洲”。我怀着强烈的好奇心，随旅行团走进了肯尼亚。

“东非小巴黎”内罗毕

飞机进入人类发源地——东非大陆上空，从窗口向下俯视，东非大裂谷的轮廓和气势尽收眼底：晶莹闪亮的湖泊沿着山谷蜿蜒流淌，狭长的谷底苍翠叠嶂、深不可测，裂谷两侧断壁悬崖，如高耸的两堵墙，肯尼亚首都内罗毕就坐落在南端的东“墙”之上。

中午，飞机稳稳地降落在内罗毕机场，我们直接进入市区游览观光，沿途的树枝上挂着灯笼状的鸟巢，树梢上居然还栖息着硕大的秃鹳。市中心约4平方公里区域内高楼林立、鳞次栉比，在熙熙攘攘的人群中，女人服装艳丽、气质高雅，职场男士西服革履、彬彬有礼，孩子们穿着整齐的校服，脸上挂着淳朴可爱的笑容向我们招手，当地导游尼克见我投向孩子们喜爱的眼神，走过来告诉我：“肯尼亚法律规定全民享受九年制义务教育，政府每年20%的财政预算都用于教育”。他指着前面一辆黄色的日本丰田巴士说：“那是接送孩子上下学的专用校车，肯尼亚在校学生全部免费享受乘坐校车和午餐的福利。”在此后的公路旅程中，每逢与这种特殊标志的黄色校车擦肩而过，瞧着车窗内闪过穿着蓝色校服的学生身影，心中都会涌入一股暖流，肯尼亚政府对普及初级教育的重视和投入给我留下了深刻的印象。

内罗毕位于赤道以南140公里的东非高原上，是东非最大的金融商务中心和交通枢纽。受纬度和海拔双重影响，这里天高气爽、降雨适中、空气清新、四季如春，最热月份最高气温也不过21℃，被誉为世界上气候最好的城市。宜人的气候造就了优雅的环境，公路两旁种植了许多奇特的“伞形树”和高达30米的蓝花楹，鲜艳欲滴的“三角梅”、棕榈树、芭蕉树和杧果树等热带植物举目可见，还有火焰似的红色“合欢花”以及伸展着五颜六色嫩叶的“凤凰树”，就像一座郁郁葱葱、五彩缤纷的大花园，充满了生机和活力，完全颠覆了我此前对肯尼亚的初始印象。

阿布岱尔密林深处的方舟酒店

第二天清晨，我们乘坐敞篷越野车朝着肯尼亚山方向一直向北，前往阿布岱尔国家公园。沿途公路虽窄、路况却不错，除了来往车辆，几乎看不到人，一片片绿色灌木从车窗掠过，那是肯尼亚特有的咖啡树。快到阿布岱尔时，车子在一块黄色的标志牌前停了下来，导游招呼大家下来拍照，只见牌上写着：“YOU ARE NOW CROSSING THE EQUATOR”（你现在正跨过赤道），赤道是地球表面的点随地球自转产生的轨迹中周长最长的圆周线，而此刻，这条南北半球的分界线就在我两脚之间，左脚站在南半球上，右脚却踩在北半球上，这不可思议的神奇一生也没有几次，在北极、南极有过，在亚马逊雨林和费尔班克斯绚烂极光下迷失过，亲身体验了，此生就再无他憾！

走过木桥，就到了著名的方舟旅馆

下午五点钟，我们抵达了阿布岱尔国家公园，这座建于1952年的动物保护区占地400多平方公里，最高处海拔3999米，区内重峦叠嶂、风光秀美，东北方向耸立着非洲第二高峰肯尼亚山，我们下榻的方舟旅馆就坐落在群山环抱的山岗上，四周是浓荫蔽日的亚热带森林和峡谷，不远处是塔纳河支流和一片林子。旅馆因其形状酷似基督教《圣经》中希伯来人族长诺亚为避洪水而造的方形大船而得名。“方舟”长约200米，高20余米，上下全为木质结构，船头船尾呈尖形并留有宽敞的甲板，山风吹来，掀起阵阵林涛，远远望去，恰似一叶孤舟在波涛中荡漾。

三层高的旅馆，每层都有观察动物的露台或吧台间大玻璃窗，视野非常开阔，方便近距离观看野生动物的一举一动。我们到达旅馆时刚好有十几头野水牛和大象在水塘饮水，在一片撒过盐的泥土地中舔盐，憨态可掬的大象甩着长鼻子在泥土中翻拱舔盐的样子十分有趣，在妈妈身旁蹭来蹭去娇憨的小象，不时发出婴儿般“吖吖”的声音，更是萌极了！我第一次听到小象奶声奶气的声音，真想去抚摸爱抚这个小宝贝。为使游客晚上也不错过看动物的机会，旅馆在每个房间都备有铃，一声铃响是猎豹，两声铃响是犀牛，三声铃响是大象，四声铃响表示其他动物来了……客人们自行决定是否起床去看。

夜晚到水塘饮水和舔盐的象群

晚上，洗过热水澡，我独自来到三层露天的观景平台，倚着木围栏长久地关注着动物的一举一动，看小象吃奶时，大象伸展着长鼻子、扇动着大耳朵、浸透着慈爱的目光，观察大象与野水牛在争地盘时互不相让的纷争和凶悍，倾听鸟兽齐鸣的天籁。在这不眠之夜，我仿佛成为它们中的一员，敞开心扉与它们“对话”，感受着与大自然融为一体的至真至善与奇妙美好。

红遍世界的纳库鲁

纳库鲁湖是非洲第一个以保护鸟类为宗旨而设立的保护区，因其湖水呈天然碱性，非常适合水生动植物的生长和繁殖，吸引了到此觅食的火烈鸟、白鹈鹕、鸬鹚和鹭等数百种鸟类，有火烈鸟天堂之称。湖区内犀牛的数量也是肯尼亚国家公园中最多的。我们的越野车绕湖一圈，看到最多的是斑马、野水牛和羚羊，还有几只鬣狗懒洋洋地躺在湖边晒太阳，寻觅着猎食的机会。最后我们下车步行到西北方向的沼泽地，远远地看到了数百只火烈鸟和一群

纳库鲁湖畔的火烈鸟

在一个遥远且被人遗忘的野外，还存在着大自然最后的伟大杰作：数百万有着红色翅膀的火烈鸟正展开双翼，经历着出生、成长和死亡的生命旅程。

群展翅飞翔的红色倩影。听说，近几年纳库鲁湖的火烈鸟数量大为减少，数万只火烈鸟红光闪烁，绵延数公里的壮观画面已很难看到，但我们却好运连连、收获到意外的惊喜，从望远镜中看到了在湖滨聚集的火烈鸟单脚站立，梳理展示着淡粉色的羽毛，它们荡起的涟漪，在粉色的湖面上反射出粼粼波光；一群群火烈鸟飞来离去，在空中划出一抹抹粉红；在附近吃草的5头犀牛正缓缓走进我们视野，形象越来越清晰，大家顾不上蚊子的叮咬，举着相机等待近距离拍摄犀牛，导游再三催促："快上车，这里晚上很危险"，我们才一步三回头、万般不舍地带着最美好的记忆满载而归。

在沼泽地觅食的5头犀牛

犀牛体重约2.5吨，是仅次于大象的食草类陆生哺乳动物。犀牛角是珍贵的药材，因而犀牛遭人类大肆捕杀，濒临灭绝。20世纪80年代，犀牛角交易被禁止后，犀牛数量有所增长，目前肯尼亚境内犀牛仍不足50头，其中有10头白犀牛是南非政府所赠。

丰饶美丽的奈瓦莎湖

奈瓦莎湖位于海拔最高处，四周被大裂谷的陡壁所拱卫，是肯尼亚最重要的淡水资源，隐藏在众多的死火山中。湖区栖息着近百种淡水鸟类和数百个河马家族，湖中心的新月岛是当地一位英国老妇人的领地，岛上有长颈鹿、角马、斑马和瞪羚等多种食草动物。

刚下车，就见湖中的枯树上有许多非洲秃鹳，凶巴巴地盯着我们这些外来客，成群的水鸟在空中鸣叫盘旋，场面颇为壮观；湖中碧草茵茵的沼泽地里白鹤和鹈鹕起起落落、舒展着羽翼；导游指着湖面上一个个黄褐色浮动的东西说那是河马，它们夜间上岸大量食草，白天懒懒散散地潜在水中只露出脊背，每隔三五分钟露出头来换气，它们的排泄物为昆虫和鱼类提供了丰富的营养，在生态系统中扮演着重要角色。当地有句名言“千万不要误闯河马的地盘”，看似笨拙有趣的河马，实则非常凶悍，一口就可以将鳄鱼或人咬为两截，我却不以为然，若真如此，怎会安排我们乘船在湖中寻找河马和鱼鹰踪迹呢？

水面上石头般露着脊背的是河马

哪里料到不一会儿就遭到河马的攻击，原来司机启动马达的噪声和我们的喧哗惹怒了附近的一头河马，它一反懒散常态，冲着我们追过来，司机加大油门疾驰了四十余米，才拉大了与紧追不舍的河马的间距，逃过一劫，这形体仅次于大象的庞然大物果真凶悍。观赏鱼鹰吃鱼也是游历奈瓦莎湖备受青睐的趣事，我们的小艇在清澈如镜的湖面上朝着湖畔枯树上一只鱼鹰而去，在离目标十几米远时，驾驶员边吹口哨边将一条鱼干扔入水中，我举起相机准备抓拍鱼鹰从水中神速捕鱼的瞬间，结果鱼鹰在枯树上一动不动望着我们，驾驶员试了几回都没有成功，看到我们失望的表情，连连说“它吃饱了”。

我们登上湖中心的新月岛，附近的几只长颈鹿朝我们毫不介意地望上一眼，又继续它们悠然自得的优雅漫步；斑马和小巧机灵的瞪羚警觉地与我们保持着距离，每逢我们举着相机靠近，就快速地跑开，然后又停下来继续觅食；一批角马跳跃式跑向草原深处，它们奔跑时颈部和下巴长长的胡须随风飘起，潇洒而动人。岛上没有猛兽，湖中没有鳄鱼，丰饶的奈瓦莎湖是游客

“草原美女”长颈鹿性情温顺，靠食用树叶为生并从鲜嫩的树叶中摄取水分，它们还是草原上的“园艺师”，经其食用修剪过的大树枝叶呈完美的直线排列形状，完全不亚于专业园艺师水准。

新月岛上的长颈鹿

和内罗毕人最喜爱光顾流连的旅行度假之地。

离开奈瓦莎湖，我们来到不远处的“地狱之门”国家公园，这个诡异的名字源于悬崖峭壁里探出的一条狭窄之路，隶属于一个史前的支流湖，有着明显的水流冲刷痕迹，1983 年被探险家费舍尔和汤姆森发现。我们驱车进入“地狱之门”峡谷，这条峡谷是东非大裂谷中最著名的“谷中之谷”。早期的人类曾在这一代活动，是人类的发源地。入口处矗立着一块巨大的火山石，命名“费舍尔塔”，峡谷内蜿蜒曲折、路段十分狭窄，最窄处仅容一人通过，最宽处亦不足十米，峡谷中间是一个称为“中心塔”的突兀火山岩堆，地貌的奇特和险峻，恰如“地狱之门”的名字。

惊心动魄的“天国之渡”

一场亘古不变的动物大迁徙每年在马拉河上演，气势之浩大，犹如千军万马，场景之惨烈，令人震撼！它们千里跋涉、挑战逆境，只为生存。

草原上大量饮水食草、准备横渡马拉河的角马

马赛马拉位于东非大裂谷的边缘，是一块被马拉河及其支流一分为二的开放平

在马赛马拉草原上

原，遍布灌木丛、森林、草原和山丘，景象万千。旅行团在马赛马拉安排了两天日程，第一天在保护区内乘敞篷越野车追踪观赏动物，由于距离较近，观察到了许多有趣现象：我们第一眼看到的是树丛中集结的角马，它们模样特别，长着牛一般粗大的头和宽阔的肩膀，又有着马似的长脸和矫健形体，下巴和头颈更像羊一样挂满长长的胡须，是一种既像牛又像马还有羊的特征的大型羚牛，被称为“非洲平原小丑”，毕生逐水草而居。

我们车子右前方出现几只落单离群专注觅食的瞪羚，忽然草丛中蹿出一只猎豹，以极快的速度冲向受惊奔逃的羚羊，我不由惊出一身冷汗，眼睁睁看着跑在最后的羚羊被猎豹咬着脖子拖进草丛，一定是草丛里有它饥饿的幼崽；我从望远镜中看到斑马站着围成一圈，小马站在中间，既不吃草也不走动，不远处还有三只长颈鹿也站着不动，就问导游它们为什么一动不动？导游说它们在睡觉，原来食草动物大多是站着睡觉的，它们警惕性很高，睡觉只是打个盹。狮子、猎豹、鬣狗等食肉动物却是舒舒服服地卧着睡觉。

恩爱的伴侣

我们还极其幸运地和狮子一家友好共处 6 分钟，面对 3 车围观的游客，母狮满不在乎地与我们对视一秒钟，继续卧在草丛中看着两只幼崽打闹玩耍，似乎我们并不存在，过了一会儿，它目不斜视地带着幼崽慢悠悠地缓缓离去。

次日，在马拉河边等候观看角马迁徙。每年 7—8 月，马赛马拉保护区内草木茂盛、万物复苏，来自坦桑尼亚塞伦盖蒂国家公园的角马、斑马“扶老携幼”、日夜兼程，奔向水草丰盛的马赛马拉大草原，这就是举世闻名的“马拉河之渡”。

隐藏在草丛中的猎豹

猎豹是动物世界短跑冠军，奔跑50米仅需2秒。它体态轻盈优美、习惯独往独来，捕猎的成功率可达70%，而群猎的狮子仅达30%。

狮子一家

狮子社会奉行一夫多妻制。雄狮是家族之长，母狮负责猎杀，但威武勇猛的雄狮才有资格带头先吃，它一次能吃掉35公斤肉，只有雄狮吃完，才轮到母狮和幼狮，之后轮到鬣狗和秃鹫。雄狮嗜睡而残暴，它一天要睡上20个小时，为促使母狮发情，甚至不惜咬死尚未断奶的小狮子。

这是自然界最伟大的迁徙旅程，百万年来，这些逐水草而居的食草动物周而复始地在坦桑尼亚塞伦盖蒂草原和马赛马拉草原的旱季和雨季中往来迁徙，途中不仅要穿越狮子、猎豹和鬣狗埋伏的草原，还要跨越布满鳄鱼、河马的马拉河，据说，每年大约有25万只角马命丧途中，同时也有近50万只的角马

等待横渡马拉河的角马、斑马和转角牛羚

出生，确保了血脉的延续。

正午时分，大地上的空气开始躁动，像熊熊燃烧的火焰，闪烁着、起伏着，发出灼灼光芒，映照着万事万物。我站在车顶环顾四周，马拉河宽约100米，水流不是很急，对岸是石头较多的陡坡，眼下的马拉河显得那么平静，已经集结多时的迁徙大军却按兵不动。突然，徘徊在河边的一匹斑马，带头冲下危机四伏的马拉河，紧接着，集结在树林中的大批斑马、角马和转角牛羚毫不迟疑地紧紧跟上，势不可挡。早已虎视眈眈、等候多时的鳄鱼快速围追堵截，“天国之渡”开始了。我亲眼看见一头斑马被围堵的鳄鱼拖下水命丧马拉河，还有两只小斑马登不上陡峭湿滑的石头，试了几次都爬不上去，大部队过去了，它俩筋疲力尽只能原路返回，但几条鳄鱼围堵着它们，两只小斑马勇敢地与鳄鱼进行生死搏斗，用蹄狠狠地踢向鳄鱼，我们揪着的心都快跳出来了，一个劲地喊，快跑！快跑！当它们死里逃生终于回到岸上，几车游客情不自禁地为它们鼓起掌来。目睹血淋淋的“马拉河之渡”，我百感交集的心态持续良久，脑中总是闪过斑马被鳄鱼拖下水时的无助和恐惧，又一次次提醒自己，食肉动物也要生存和繁衍，动物世界只有奉行“物竞天择、适者生存”法则，才能实现食物链的平衡。在这个世界中，必须让自己强大起来。

生死大战中，一头斑马被鳄鱼拖下了河

奔向安博塞利

在肯尼亚斯瓦希里语中，乞力马扎罗的意思是“闪闪发光的山”。大作家海明威一部《乞力马扎罗的雪》，让乞力马扎罗名扬天下，引来络绎不绝的旅人和登顶者。近些年，全球气候变异，乞力马扎罗的雪冠加速融化，有科学家预测，再过20年，所有的冰川都将从乞力马扎罗山上消失。这也是来安博塞利观赏乞力马扎罗全貌和到坦桑尼亚持续4天徒步登顶越来越火爆的缘由。我这把年纪和身体状况已无力参加持续4天的乞力马扎罗山徒步登顶，但能够远远地眺望神往已久的“非洲屋脊”也是一种缘分，安博塞利正是观赏乞力马扎罗全貌的最佳之地。

这是一段最为辛苦的旅程，从内罗毕到安博塞利不到300公里路程却需要将近6小时的车程，从内罗毕出来就一路堵车，去安博塞利的路况又很差，加之旱季气候干燥，一路上尘土飞扬，我们车窗紧闭又戴着口罩仍能闻到呛人的泥土味。终于熬过了最后一个半小时的剧烈颠簸，我们又置身于一个从未见过的美丽天地：安博塞利的天空，蓝得纯粹、彻底，给山脉和草原涂上了一层鲜活的深蓝；大团大团轻盈的云朵在空中飘荡游移，不断变换出各种形状；阳光肆意地挥洒在大地上，每一道光都蕴含着最原始的非洲元素；远方的乞力马扎罗银冠封顶、清晰可见，一颗忐忑不安的心终于平静下来（许多一路颠簸只为眺望乞力马扎罗雪峰的游客，因天气不好失望而归），也许，乞力马扎罗并非向所有来客都敞开心扉，只有至诚至善和足够运气才能观赏到乞力马扎罗的真容 。

在风情迥异的帐篷旅馆住下并稍作休息，我们的越野车就驶入东非大草原去追逐野生动物，大象、野猪、瞪羚、鸵鸟以及一些不知名的鸟类纷纷进入视野，任由我们举着长枪短炮“咔咔”拍照，这些野生动物并不惧怕我们，如果它们要穿行车道，哪怕车子开得很近，也毫不理睬地继续前行，这里是它们的家园，我们当然要停下车来让主人先行。

夕阳已下，黄昏来临，缭绕的云雾完全褪去，直插云霄的乞力马扎罗雪峰清晰地跃然眼前，它雄浑苍劲、博大威严、冰清玉洁、气势恢宏，仿佛是神灵的化身，一种燃烧、躁动着的内在伟力感染着我，情不自禁地向它表述衷肠：“乞力马扎罗，我终于看见您了！您像大地母亲一样，养育着山上山下无数的生灵”。我亲眼见到了梦中的画面：黄昏、晨曦中的乞力马扎罗山和东非大草原上的象群。由于政府禁运象牙，大象们受到保护，它们族群兴旺、结

草原上外形似伞的金合欢树

金合欢树长着尖锐的刺，却是大象等食草动物的美餐，较小的羚羊喜欢吃嫩枝，大象和长颈鹿则喜欢吃树枝和树叶。

伴而行，痴望着黄昏中象群渐渐消失在草原深处的背影，沉醉在艾尔顿·约翰充满激情的《生生不息》旋律中，尽情地享受和感恩于大自然无私的赐予。

黄昏时分，向草原深处行进的象群

大象生在母系社会，家庭或部落由一头母象统领。它们很少远离自己的家人，骨肉关系可维系50年。当家庭成员受伤、生病或需要帮助时，它们会全力相助，是仁慈友爱的感情动物。

安博塞利的夜晚充满神奇，我从未见过如此绚烂的星空：月亮像弯弯的银弓挂在天际，南十字星、天狼星、老人星、猎户座和静静倒立、形状似熊的大熊星座以及密密麻麻、灼灼闪耀的“银河带”低低地悬在天空，近在咫尺，寂寥中的星群狂欢给我带来一种完全摆脱世俗杂念的极乐之感，心绪在无限的自由和狂喜中飞翔。蓝天白云和绚烂星空是安博塞利的魅力所在，我多么希望移居到这里生活，在这方纯净的天空下，整个人都脱胎换骨般呼吸顺畅、身心轻松，生活本该如此美好！

日出时分，乞力马扎罗的雪顶折射出一层红色的光晕

那里巍然耸立着世界上最高最大的独立山体——乞力马扎罗山峰，它在广袤无垠的东非大草原上兀自拔地4800多米，直插云霄，气势恢宏。山脚下一望无际的大草原，是大象、斑马、羚羊们周而复始、生生不息的乐土。

清晨，天空尚未泛白，我们的越野车已驶入安博塞利国家公园，草原上空气凛冽而清新，弥漫着一股野性的味道，我敞开肺叶深深地吸入东非大草原的气息——乞力马扎罗的气息，神清气爽地站在越野车上观看拍照，成群的动物沐浴着晨光逐水觅食、奔跑嬉闹，享受着属于自己的美好生活，我久久地凝望着它们优雅的体态、温情的目光、勇敢的搏斗以及温柔细腻的舐犊和伴侣之情，无不感动和湿润……我仿佛走进了另一个生命体系中，它的原始、自由和残暴，让我感受到生命的力量！

去赴一场生命的庆典

“地球上最值得去的4个地方，是南极、北极、亚马逊和东非大裂谷”

——旅行家、摄影家张波

肯尼亚短短8天的游历不过是蜻蜓点水、管中窥豹，但它带给我的美好回忆却时常在脑海中翻涌。肯尼亚是一个奇异而充满自由的地方，大自然在这片土地上保持着原初的质朴、野性和勃勃生机，我整个身心都与大自然融为一体，那是一种毫无杂念、远离尘嚣的畅快感觉，我不能不感叹造物的神奇！从北极、南极到亚马逊雨林和东非大裂谷，我一次又一次出发，揣着从容与坚毅去奔赴生命的庆典，那些定格在影像中的震撼与美好，那些感人肺腑、可歌可泣的动人瞬间，在我的记忆中永远鲜活。

2018年8月28日

在阿拉斯加追寻北极光

如果你已年老，你应该想尽办法去一次阿拉斯加。不过你要是还年轻，请远离阿拉斯加……因为阿拉斯加的美比世界上别的地方都宏大，过早地经历最美的东西将使今后的人生索然无味。

——国家地理协会总裁亨利·甘尼特（Henry Gannett）

阿拉斯加（Alaska）第二大城市费尔班克斯（Fairbanks）位于北极光集中出现的环状带中心线上，全年有246天以上的夜晚可以看到北极光。我决心碰碰运气，行前突击学习“佳能单反”的操作，第一次背着沉甸甸的摄影器材奔赴阿拉斯加。

在极光列车上拍下阿拉斯加冰雪覆盖的山脉、原野和冰河

阿拉斯加每年有一半的时间是冬季，在这段时间里，整个天地都被冰雪覆盖，洋溢着澄澈纯净的冬日气息和净化心灵的力量。在万物冰封、寒冷而阴暗的季节里，雪是他们生命的依赖，一切生物都与雪共生，在皑皑白雪中得到光明与温暖，激起人们对阿拉斯加的浪漫想象……宏阔思考往往需要壮阔的景观，思想火花常常迸发于大自然的神奇之中。

阿拉斯加位于北美大陆西北端，别名“最后的荒野”，其东部与加拿大接壤，另三面环北冰洋、白令海和北太平洋。因地域广阔和地势起伏较大，导致了气候多样化：东南及中南部属温带海洋性气候，内陆是亚寒带大陆性气候，北冰洋以及白令海沿岸则为苔原气候，夏季短暂凉爽，冬季漫长寒冷，每年5月10日太阳升起后的3个月不再落下（极昼），每年11月18日日落后，将有2个多月不见阳光的极夜；阿拉斯加北部是布鲁克斯岭、中部为育空高原、南部是阿拉斯加山脉，拥有全美20座最高山脉的17座，海拔6193米的麦金利峰是北美最高峰；世界上大多数活动冰川也都在阿拉斯加州内，1791年意大利探险家马拉斯皮纳（Alessandro Malaspina）首次到达的马拉斯皮纳冰川是世界上最大的山麓冰川，1969年被列为美国自然地标。

阿拉斯加到底有多大多美？唯有从空中俯瞰、邮轮眺望和乘车观赏，才能望尽它的辽阔和壮丽。

费尔班克斯珊瑚般美丽的树挂银光烁烁、分外妖娆

足踏松软洁白的雪，脚下发出的不是“沙沙”声，而是“唧唧”之音，这是晶莹干燥的雪粉。阿拉斯加的魅力，就在这纯净的冰雪世界中，严冬和白雪是阿拉斯加的精髓所在。

费尔班克斯的冬天，太阳沿着地平线平移，早上10点多出来，下午3点就下山了，一直是夕阳的感觉，很是神奇。雪地、极光、温泉和美食，是这里生活的主旋律。

托起费尔班克斯的落日

我们前往北极圈必经的道顿公路：南起阿拉斯加最北的大城市——费尔班克斯，北止北冰洋沿岸——普拉德霍湾，全长414英里，是美国“唯一跨越北极圈、直达北冰洋的公路”。这条随地势起伏而建的公路专为卡车司机从普拉德霍湾油田运油而建，不仅是阿拉斯加最偏远、最具挑战性的公路，且被称为“世界十大死亡公路”之一。我们乘专用大巴沿途观赏了阿拉斯加冰雪世界的别样景观和极北荒野的苔原地貌，6个多小时车程中，我的眼睛一直盯着窗外，旅途的疲劳荡然无存。

极北针叶林挂满积雪的黑冷杉美得醉人，白天当地人称它为棉花糖树，而夜行的车灯照在树上又特别瘆得慌，被运油车司机们称为魔鬼树，两个名字一个甜美一个诡异。

育空河流域是北美西北地区的主要河道，源头位于加拿大的不列颠哥伦比亚省，河流的下半部在阿拉斯加，该地区的矿业资源及储藏量极为丰富。美国作家杰克·伦敦在他关于北方淘金热的小说中，称育空河为“母亲河”，这里孕育了独特的北美文明。导游告诉我们，春季的某一天，育空河会突然龟裂，迸发出巨大声响，冰块急速涌出，阿拉斯加的春天就从这天起宣告来临。

冰封育空河

费尔班克斯东北 60 英里处的珍娜温泉度假村，是阿拉斯加人气超旺的休闲度假之处，其冰火两重天的室外温泉深为游客喜爱。在温暖如春、富含硫黄及其他矿物质的泉水中漫游，使游客们连日熬夜挨冻追寻北极光的疲惫身心得以放松，真是惬意！游累了，驻足泉中，透过缭绕的雾气和幽暗迷离的灯光，环望四周白雪覆盖的山林，会一时迷失了自己，不知是在天上还是人间？若有足够的耐心或晚些再来，还可泡着温泉等待极光的出现和爆发，大自然中还没有哪种现象能与其媲美。为赶去场地拍摄极光，我不得不忍痛留下这份遗憾，期待还会有美梦成真的一天。

跨越北纬 66°33′北极圈地标

自古以来，极光一直是人们猜测和探索的天象之谜。100 多年前，挪威科学家柏克兰最先提出并证明了极光是太阳与地球磁场之间相互作用的结果。来自太阳的带电粒子顺着环绕地球两极的磁力线下涌并进入大气层，与空气中的分子和原子发生强烈碰撞后，未被分子和原子吸收的多余能量就沿着磁力线中心向两极扩散，向上扩散的到达北极，向下扩散的到达南极，所以，极光经常在南北极同时出现。那么五彩缤纷极光的形成又有何奥秘呢？原来，极光色彩的形成，取决于与太阳带电粒子碰撞的大气层气体，如果是氧气，那么就是最常见的经典绿色，在 10 万米以上高空，只需要较少的粒子能量，就能产生绿色的光芒；极光中的粉色或紫色来自氮气，氮气主要分布在高度低于 10 万米的大气层，带电粒子撞上大气层深处的氮气，需要更多的能量。如果有幸看见这两种颜色，意味着太阳风与地球磁场强烈碰撞所产生的高能量粒子正在大气层快速坠落，形成了绚丽多彩的光芒。费尔班克斯的夜空只要星星多、云层薄，就可以看到极光，而我们运气颇佳，四次机会中，竟然看到了三次，有两次还是不错的极光。

从北极圈返回途中看到的极光

宁静的夜晚、凛冽的北风和星辰的光芒，给人一种诡异、神奇的感觉，一丝摇曳的绿色弯钩在黑暗的长天显现，接着又是一道，纱帘般舞动的绿色精灵瞬时点燃天空，站在浩瀚的苍穹下，痴望着一束束摇曳变幻、极尽魅惑的凛冽光芒，我的灵魂都被神奇的极光“带走了”……

在极光小屋外等候极光出现：开始是浅浅的白色，稍瞬，变成绿色、紫色的光束蔓延开来，照亮黑暗的长空。

仰望天堂之光——大自然赐予最神奇绚丽的盛典

一束束绿色、黄色和紫色的光芒，沿着地球的磁力线快速抖动、蔓延，覆盖了整片天空，没有一秒的极光是相同的，我索性躺在地上，仰望着四处奔跑、无尽魅惑的寒冷火焰，已感觉不到寒冷和被冻僵的手指，极致美感的背后，是一种深深的虔诚和敬畏，正与那不可思议的光芒产生共鸣。

传说"极光是神灵引导死者灵魂上天堂的火把，淅淅沥沥的声音，是灵魂们奔赴天堂的脚步声，全世界的灵魂，都从这里离开尘世"，一种被催眠的恍惚，我看见了天堂上的父母，他们在炫目的极光中与我重逢……从北极、南极到阿拉斯加，我都穿着母亲穿过的毛裤，愿她慈悲的灵魂同我一起在世界尽头的绝美风光中遨游，我问母亲是否看见了北极光？从老母慈爱的笑容中，我得到了释然和满足。

一代又一代生活在极北大地的原住民中流传着"极光为神灵显现"的动人传说："死神撒旦的女儿与彩虹之子在银河边一见钟情，但死神是不允许爱上光明之神的。彩虹之子为爱情违反天规，带领她飞向极地，寻求五彩极光，感动了掌管北极光的曙光女神欧若拉，帮助他们冲破诅咒，得到了幸福。"这一天象之谜，直到100多年前由挪威物理学家克里斯蒂安·柏克兰最先证明了：极光的产生是太阳与地球磁场之间相互作用的结果。虽然已有科学的诠释，但人们仍奉其为神灵，相信"看见了极光，就会得到好运和幸福"。

珍娜温泉的极光

自然界的魔术大师以辽阔无垠的穹窿为舞台，在极地漆黑寂静的寒夜里上演着五彩缤纷、变幻莫测的“电光秀”，此时此刻，我不能不感恩于大自然赐予的宇宙奇观，把它当作人生的宝物，永远怀念。

根据科学家们的研究，每束极光可释放出约4000兆瓦的能量，当太阳风形成最明亮的极光时，每秒释放的能量大约相当于100座核电站的能量总和，这真是难以想象的巨大威力！目前能分辨清楚的极光色调已达160多种，形态更是瞬息万变，任何神来之笔都难以描述极光的绚丽和神奇，它就像是一个伟大的存在，将人们从世界各地吸引而来。

日本国宝级生态摄影大师星野道夫的《在漫长的旅途中》一书中写道：“1914年沙克尔顿率领从挪威出发的南极探险船‘坚忍号’，在途中遇冰山而触礁。沙克尔顿与28名队员乘救生船在南极海漂流了半年才获救”。在这段凄惨的旅行记录中，一天晚上，天空出现了极光，蔓延整个夜空，在无法生还的绝望中，他们是以如何的心情凝望着那漫天的光芒呢？沙克尔顿在书的第一页写着：“感谢在冥冥中，帮助我们完成不可能任务的所有事物。”我想，身陷绝境的沙克尔顿和他的队员一定从奇光幻影中得到暗示，看到了希望。

在人生旅途中，给予我们鼓舞和勇气的，常常是途中邂逅的风景：星野道夫在书中所述：“一滴水也不浪费，只靠着些许水气与地表温暖而生存的地衣类，在严苛的极北冻土带中开出的小花，在－50℃寒冬中，藏身雪洞，什么也不吃，只是静静等待春天来临的棕熊，在寒风中出生，为了生存而拼命试图站起来的小驯鹿……”还有深埋我内心最柔情之处的南极企鹅，它们在这个星球最残酷的环境中生存和哺育后代。这些感人至深、无法计量的坚强，诠释着生命的本真和意义。在你生存艰难及遭遇困境的时候，当你对人生失去信心的时候，就想想它们吧！想想陀思妥耶夫斯基“只要能活着，活着，活着！不管怎样活着——只要活着就好”的犀利话语，就会懂得什么叫珍惜。有句话说得好：“越有痛苦越能生长”，没有地狱的地方也不会有天国。这就是我从这些与生命抗争的极地生灵身上得到的启示——关于坚持、关于责任，关于如何乐观地去看待人生。

2018 年 4 月 26 日

飞向星月之国

这片大海耐心地为我们重演过去的景象，将其放置在蓝天之下，厚土之上，我们能够亲眼看见这天与地，它们如同很久以前一样。只消集中注意力思考片刻或者瞬间的白日梦，这个过去就栩栩如生地回来了。

——地中海史学家费尔南·布罗代尔

千年古城以弗所

2000 多年的传奇留在那里，如一块块磁石吸引着世界的目光……

以弗所遗址位于伊兹密尔东南 80 公里处，由公元前 10 世纪居住在爱琴海沿岸的爱奥尼亚人初建。公元前 334 年亚历山大大帝打败波斯人，以弗所被纳入希腊版图，凭借便利的海上贸易，成为小亚细亚地区商业、政治和文化宗教中心；公元 17 年，以弗所毁于一场大地震，“罗马王政”第二任国王提比留斯下令重建了古城，在罗马帝国奥古斯都年代，以弗所发展到鼎盛时期。后因通往爱琴海的河道严重淤塞，赖以生存的海洋贸易终结，加之地震频发，终被泥土和历史厚重的尘埃所淹没。

19 世纪中期，历经 130 多年的挖掘清理，几代考古学家们将伟大废墟的一部分呈现世人：我卑微地走在以弗所 3000 年历史中，任爱琴海盛夏艳阳火辣辣直射在身上……是沉醉、是震撼？还是默默地尊崇？兼而有之！

哈德良神庙

建于公元2世纪，是为罗马帝国五贤帝之列的哈德良大帝所建。正面的4根柯林斯柱支撑着拱门，拱顶中央是以弗所守护女神堤喀的半身雕像，后面门楣的半圆形石雕上站着美杜莎，两边的浮雕是希腊神话故事，哈德良神庙是整条街上最精美的建筑。现在的遗迹是公元4世纪根据地震后的碎片重建。

以弗所著名的库里尔大街

远远就看到街道两侧的罗马柱廊，伟岸挺拔地屹立山脚，就像一座大门，进去就是2000多年前商贾云集、人潮涌动的古罗马都市。走过的每一处废墟、每一座雕塑、每一根石柱，都展示出昔日的精致与华美，沿着它们行走，就能回到古罗马无限辉煌的过去。

塞尔瑟斯图书馆

从库里尔大街拐弯过来，最令人瞩目的以弗所地标建筑——塞尔瑟斯图书馆近在眼前：从那巨大的柯林斯廊柱、精美的雕刻和宽敞的空间就可以看出当年的恢宏气势；正面的壁龛从左至右排列着分别代表仁慈、思想、学识和智慧的四座雕像；阅读室高大宽敞，光线充足，双层墙的设计，是防止潮气对书籍的侵蚀；30 个壁龛中曾藏有 1200 多册莎草纸和羊皮纸书卷，是充分体现希腊人和罗马人智慧的辉煌建筑和不朽艺术。据说荷马和亚里士多德都曾在此写作和教学。

图书馆在公元 117 年由一位罗马领事阿奎尔动工兴建，以他的父亲小亚细亚总督塞尔瑟斯命名，并将其葬在图书馆内。到阿奎尔逝世时工程仍未完工，他留下遗嘱和建设维护资金，由他的继承人于公元 135 年建成。

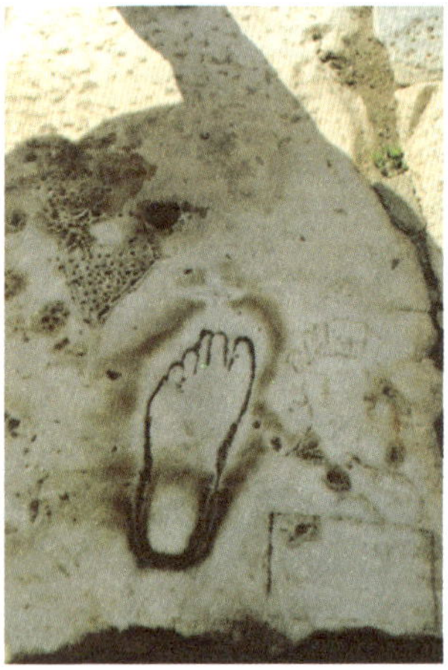

大理石街道指示妓院方向的图标

妓院位于图书馆北面，从剧院到塞尔瑟斯图书馆之间是一条铺满大理石的大道，道路右侧的上述图标写有一句“跟我来”的字样。据说，图书馆地下室有一条直通对面妓院的密道，一些以弗所上层男子，以读书为名，在图书馆中打个照面，就从密道折返到妓院寻欢作乐。当年来此寻花问柳的不仅仅是当地人，还有随船而来的海员及船客，于是通往妓院的大理石路面上刻下了至今可见的路标广告牌，上面是一只指向妓院的脚印，脚印右侧是女人头像，另一面是一颗心，心旁是代表钱币的圆洞，言简意赅，妙极了！

公元41年克劳迪一世开始建造，公元117年由图拉真大帝建造完工。时光的打磨和世事风雨赋予其沧桑而凝重的气质，使它显示出一种独特韵味，让一代又一代人去探究、猜测和遐想……

露天剧场

阿哥拉城门

这座建于公元前40年有三个通道的城门，是两个获得自由身的奴隶为感谢给了他们自由的奥古斯都皇帝而建的，不由想起盐野七生在《罗马人的故事》中对奥古斯都的评价："有一类人，本身也许并无独创的见地，却能将前人的构想加以淋漓尽致地发扬。在笔者看来，这也不失为一种能力。罗马帝国的开国皇帝屋大维，正是这一类型的典型代表"。她在给中国读者的序言中说"对于以超级大国为发展目标的当代中国，在欧洲历史上可作为借鉴的，唯有古罗马帝国了"。可见，古罗马自信与宽容的公民社会，是今日中国最需要的。

以弗所就像时光隧道，是今人可以跨越时空直接进入的古罗马城市，而且是最完整、最美丽的一座。

再见，以弗所！再见，古罗马灿烂时光！

仙境缥缈棉花堡

关于“棉花堡”的形成，在土耳其有一个美丽的传说：一个牧羊人为了与月神瑟莉妮幽会，忘记了挤羊奶，致使羊奶肆意横流，覆盖了整座丘陵，形成“棉花堡”，意为像棉花一样的城堡。当地底涌出的温泉从平原数百米高的岩石中流出，遇冷结晶的盐分就沉淀于流经之处，经年累月地形成了白色阶梯形状的钙化池，远远看去，像一朵朵棉花盛开在层层叠叠的梯田上，闪烁着万千波光。

棉花堡

在棉花堡上空飞翔

阳光下，这片长 2700 米、高 160 米的奇异坡地，如一汪汪淡蓝的泉水嵌在洁白如玉的突兀阶石上，蓝白相映、清灵奇幻，从上面往下看，一洼洼清澈见底的温泉池像一面面镜子，映照着蓝天白云；如果从下面往上看，雪白的岩层顺山坡迭起，白莲花般铺满山坡，宛如踏上天国之梯，遨游在玉宇琼阁。

如今，棉花堡的部分石灰岩受到

污染，雪白的棉花已呈浅黄或淡灰色。当地政府为保护棉花堡特殊地表，规定游客进棉花堡必须脱鞋脱袜并严禁进入温泉风景最美的阶梯水池。兴致盎然的游客们仍然络绎不绝地赤脚进去，不能游泳，泡泡脚、拍拍照也好呀，这可是世界上独一无二的棉花堡。我担心滑倒发生意外没有进去。一个人到景区古罗马废墟中去漫游，感叹着眼前耸立千年的罗马柱和堆积的巨石永世长存，而凡人却像一滴水、一粒沙、一朵云和一阵风，在岁月长河中转瞬即逝、无影无踪。但恺撒和屋大维显然不在其列，伟人是肉身已逝，精神不死，所以，他们流芳百世。想起屋大维的临终遗言“我的角色演完了，在我走下舞台时，请为我鼓掌喝彩”，是的，奥古斯都大帝，两千年后，我在为你鼓掌喝彩。

棉花堡最让我难以忘怀、以此为荣的，是成功挑战了滑翔伞，实现了童年像鸟儿一样自由飞翔的梦想。当导游在大巴上讲自费项目包括滑翔伞时，我第一个举手报名，虽然自己有恐高症，但更不愿有悖自己“人生的价值，在于对未知世界挑战”的信念。所以，在南极圈我留下遗言，毫不犹豫地跳进水温零度的南大洋。当我穿戴好跳伞装备站在山顶准备起飞时，心里也很害怕，双腿发软，但开弓哪有回头箭，想着海伦·凯勒：“生活要么就是勇敢的冒险，要么就什么都不是”的名言，横下一条不怕死之心，当风吹过来时，随教练一起驾着滑翔伞在山顶奔跑，跳下山顶的20秒内降落伞完全张开，瞬间飘在了棉花堡上空，我激动得哈哈大笑，太刺激了！在空中高喊“我飞起来了！”俯视着下面的湖泊、山川、村落和棉花堡，那种翱翔于蓝天白云之间的快感，是此生从未体验和感受到的，我滔滔不绝地在空中教诲儿孙们，要勇于挑战，去收获人生中最美丽的意外和风景。落地后，教练很负责任地赶紧对导游说，我在空中说些什么他听不懂，他是这个公司的经理，可能看我年纪大，亲自带我飞。我告诉他，实现了飞翔的梦想很激动！在和家里人讲话，非常感谢他。

举世无双的地貌奇观卡帕多奇亚

古罗密露天博物馆同棉花堡一样，是大自然伟力锻造出的奇貌景观。踏上这片神奇的大地，就像走进了蛮荒的远古时代：一座座奇岩怪石拔地而起，形似沟壑纵横的峡谷、壁立千仞的悬崖、尖塔般直立的石笋和圆帽盖顶的蘑菇，更令人惊奇的是岩石中那大大小小的洞穴，有居所，也有教堂，据说是公元6世纪基督徒为躲避迫害到这里开凿的。旷寂山野、奇岩怪石、原始洞穴、简陋教堂，使这里成为“外星人遗落在地球的村庄”，就像一只魔力无边的手，把这些神奇的建筑提升到大地表层，与它相比，人类的纪念性建筑显得多么微不足道啊！1985 年，作为自然和文化双重遗产，卡帕多奇亚石窟群和古罗密露天博物馆被列入《世界遗产名录》。

卡帕多奇亚地貌奇观的形成，是源于 300 万年前两座火山的喷发，喷吐的熔岩和火山灰冷却凝固后形成的凝灰岩及熔岩层，经漫长岁月的日晒和风雨侵蚀，坚固的岩石以千姿百态形状存留下来，形成了卡帕多奇亚地区令人叹为观止的地表奇观。

古罗密露天博物馆有 15 座基督教洞穴教堂，教堂内有精美的圣像和表现耶稣等《圣经》中人物的壁画，因年代久远，大多斑驳模糊，只有少数壁画依然色彩艳丽、形象完整。在长达 1000 多年的岁月中，基督徒的祈祷之声从未在简陋的洞穴教堂中断过，建造者在极其艰苦的条件下营造灵魂和信仰栖息之所的虔诚之心，令人不无敬意。

教堂石墙上圣经人物壁画

乘坐热气球，是土耳其之旅中最令人期盼的项目。清晨 5 点钟，天还黑蒙蒙的，热气球公司的车子就已到宾馆接我们了，担心天气不好飞不了的忐忑之心终于放下了，为有幸受到上天的眷顾惊喜不已。据说，有五成的旅行团因天气不符合起飞要求失望而归。到了空旷的场地，工作人员正用鼓风机把躺在地上的热气球吹起来，热气球嘶嘶鸣叫的火焰将黎明前的黑暗照得红光潋滟，膨胀起来的热气球满载欢快的乘客，从沟壑边一个接一个地冉冉升起，几十个热气球在不同高度飘浮着，我们站在篮子里的 12 个人，随着太阳一起缓缓升上天空，因为没有发动机，热气球往哪飞全由风说了算，驾驶员随时变换着高度，让热气球乘上合适的风向。

乘风飞越寂静的山谷，与太阳一同升起

漫天飞舞的热气球唤醒了寂静的山谷，去迎接空中第一抹朝阳，千姿百态的精灵烟囱、岩峰洞穴、农庄和葡萄园掠影般从下面飘过，这种腾云驾雾的奇妙感觉，只有在热气球上才能酣畅淋漓地享受到。

太阳从地平线上露出了笑脸，灰白色的山体瞬间披上了一层金光，五彩缤纷的热气球在神奇的山谷间飘浮，犹如大鸟在飞翔；吊篮中，我们尽情饱览和拍摄这片世界上最像月球的地方。

热气球没有轮子和刹车，降落可是小小的挑战。我问驾驶员跑道在哪呢？他风趣地说“苍蝇落地不用跑道”，我明白了，原来我们是一次登月舱式的降落。

在土耳其的10天，真是惊喜不断、爽歪歪！令我难以忘怀的，不仅仅是以弗所、棉花堡和卡帕多奇亚，还有美味诱人的冰激凌，尤其是那种酱红色又甜又酸的更合我口味，超级好吃！平日不吃冰激凌的我，竟坐在冷饮店连续吃了10个冰激凌球，至今还为此而津津乐道。

这小帅哥长勺上一大坨冰激凌，无论怎样翻转、飞舞，都牢牢贴着勺子，绝不会掉下来。据说，土耳其冰激凌之所以如此筋道，是因为在牛奶中添加了一种具有增稠作用的兰花根部汁液，经过慢熬、冷却和搅拌后，世界上最有韧性的冰激凌便做成了。

2017年7月26日

圣城耶路撒冷

当我们的双脚终于站在你的大门里，噢，耶路撒冷，你的神圣与神秘令人着迷。

这是一个信仰丰富、古今并存、充满生机的城市。同一片蓝天下，不同的宗教信仰和现代进步被统一得如此和谐，使这座有着百种称号和千种面孔的城市充满了魅力、神圣而迷人。

橄榄山上观耶路撒冷老城

老城位于东耶路撒冷，占地 0.9 平方公里，有苏莱曼一世建造的伊斯兰城墙护卫。老城分为 4 个区：穆斯林区位于东北角，从东面狮子门延伸到西面的大马士革，这一地区包括圆顶清真寺和阿克萨清真寺；基督教区位于西北角，从北面的新门延伸到西部雅法门，再沿着雅法门到南面与犹太区和亚美尼亚区接壤，东临大马士革门，与穆斯林区接壤，圣墓教堂在这一区内；犹太区位于东南角，南自锡安门起，北到列柱大街，西邻亚美尼亚区，东到圣殿遗迹哭墙——犹太人信仰中最神圣之地；亚美尼亚区则是老城最小的一个区。

自古以来，世界上还没有哪个城区像老城那样被注入如此多的宗教信仰，自公元前10世纪，所罗门圣殿在耶路撒冷建成，这里就一直是犹太教信仰的中心；公元前586年耶路撒冷被巴比伦人攻占，4万多犹太人被俘，史称“巴比伦之囚”；公元前19年，大希律王在旧址重修圣殿，史称“第二圣殿”；到了公元70—135年，罗马皇帝三次远征耶路撒冷，屠杀了100万犹太人，将耶路撒冷夷为平地，仅存西面的一段护墙（哭墙），罗马皇帝宣布永远放逐犹太人；在圣殿毁灭和大流放的2000多年里，全世界每个角落的犹太人都朝着圣殿山尚存的一堵承重墙——哭墙的方向祷告，这是犹太教最神圣之地；基督徒们同样重视耶路撒冷，《圣经》记载，耶稣基督在这里传道、受难、复活、升天，度过了最后时光；伊斯兰教也将耶路撒冷列为麦加、麦地那之后的第三圣地，在圣殿遗址上建造了阿克萨清真寺，以纪念先知穆罕默德在天使哲伯勒依带领下乘坐神兽布拉克从麦加夜行耶路撒冷，在圣殿山登霄七重天。

耶路撒冷作为全人类的宗教圣都，汇集了这个国家及中东的所有矛盾，并以最明显的方式展现着。外国人走进耶路撒冷，会被这里繁杂的教规搞得摸不着头脑：每逢周五，全城1/3的穆斯林停止一切活动，到清真寺做礼拜；周六，是犹太教的安息日，信徒们在以西墙为中心的露天教堂祷告；星期天，基督教徒又纷纷来到专供基督教祈祷的地方。令人瞩目的是，在这不足1平方公里之地，每个圣殿周围及交通要道都有荷枪实弹的士兵把守，出现紧急情况，由军人来保护各自的圣殿，给这座圣都城市带来几分战时气氛，世俗的冲突与宗教的宽容，就这样奇异地交织着。

大卫城堡

在老城西端，赫然耸立着巨大而威严的城堡，从塔顶可以观赏到老城全景。公元前1世纪，史上以残暴闻名的希律王在此修建了他的皇宫，用巨石构筑了几处显著的要塞，只有这一部分城墙在耶路撒冷被罗马人摧毁后完整地保留了下来。

在橄榄山或大卫塔上俯视老城，最夺目耀眼的就是金碧辉煌的圆顶清真寺。那雄伟炫目的金顶无论在清晨还是黄昏，都会在蓝天下产生一种令人心悸的美感。这座神殿最早建于公元687—691年间，1955年约旦政府利用阿拉伯国家和土耳其提供的资金，对这座世界上现存最古老的伊斯兰建筑开始了大规模的修复，1964年完成了修复工程；1998年对金顶覆盖层又再次进行了

耶路撒冷地标性建筑——大卫城堡

翻新，是约旦国王侯赛因卖了伦敦的一处住所，提供了所需的80公斤黄金。其外部侧壁由瓷器组成，映射了八角形设计的魅力，寺内的马赛克拼墙、漂亮地毯和彩绘玻璃亦极尽奢华，这是世界上现存最古老的伊斯兰建筑。

圆顶清真寺

哭墙

面对圣殿遗迹西墙，犹太人刻骨铭心的不仅是昔日的历史与辉煌，更有2000年被驱逐迫害、浪迹天涯的遭遇，这在任何一个民族的历史上都是绝无仅有的，也造就了这个民族最不平凡的气质。经历了漫长的厄运和悲苦，离散世界各地的犹太人“明天一定要回耶路撒冷”的信念执着了20个世纪，他们通过各种途径辗转回到耶路撒冷。1948年以色列国建立，几十代人矢志不渝、民族复兴的梦想终成正果。面对西墙一个个虔诚祈祷的犹太身影，对这个信仰和意志高度统一，顽强生存、自强不息的民族让人怎能不心生敬意呢？

犹太人祈祷的哭墙

哭墙高18米、长50米，中间的栏杆将广场隔开男左女右两个祷告区。犹太人和基督徒认为这里是离上帝最近之处，将自己的心愿写在一张小纸条上搓成卷塞进墙缝里，即可到达天国。

天使报喜堂

以色列北部加利利地区的小城拿撒勒是耶稣父母约瑟夫和玛利亚居住的地方，耶稣在这里度过了童少年时代。现今的天使报喜堂是在玛利亚被天使加百利报知圣灵孕感喜讯的“报喜洞”上建造的第五座天使报喜堂，于1969年竣工，是拿撒勒最具代表性地标建筑。

拿撒勒的天使报喜堂

圣墓教堂

圣墓教堂涂油礼之石

圣墓教堂也称“复活大教堂”，是耶稣基督遇难、安葬和复活的地方。外观像一个十字架，教堂内的小教堂只是整座建筑的大殿，很明显，是君士坦丁时代的风格。教堂由耶稣受难时走过的苦路进入，那闪闪烁烁的长明灯，使教堂显得格外神秘，晦暗的光线更是激起了游人的恻隐之心；教堂二楼是苦路的第十站和第十一站，分别展示着亚伯拉罕祭献儿子和耶稣被钉上十字架的两件巨幅油画；第十二站是耶稣受难之地，矗立着耶稣被钉上十字架的著名雕塑；第十三站是圣墓教堂的正门大厅，中间摆放着一块散发着沉香的血红色纹大理石，据说是因耶稣的鲜血渗入石缝所致。当年耶稣被从十字架上放下后，就是在这块石板上清洁净化敷圣油的，按照当时的殡葬方式，首先要把尸体存放在山洞中，待彻底腐烂分解后，再将尸骨转移到藏骨堂。由于来自世界各地的基督徒们跪在石板前抚摸亲吻，久而久之石板就变得格外光滑。举目圣石，想起《福音书》中的经文，“耶稣基督啊，你在十字架夜被送到了这里，你躺在母亲温暖的怀抱，直到最后一刻，她才把你的躯体放到坟墓中”，悲怆的故事真是感人至深、凄美动人。

圣诞教堂

圣诞教堂位于巴勒斯坦辖区的伯利恒马槽广场上，其外形酷似中世纪的城堡，朴实无华，当年为阻挡穆斯林骑马进入教堂，入口处被改建得十分窄小，门洞仅有 1.2 米高，需弯腰弓背才得进入，教堂里高大宽敞、静穆肃然，耶稣诞生之地就在地下室的“圣诞洞”里，洞内陡峭狭窄长不过 13 米、宽仅 3 米，每次只放几十名游客进入。里面石柱纵横、圣龛处处，油灯和蜡烛烛影摇红、影影绰绰，气氛圣洁庄严，即便对基督没有信仰的人亦不免谦卑、虔诚起来，我眼睛一眨不眨地盯着用红白大理石围成的祭坛，中央镶嵌着 14 角的银星，上面用拉丁文写着“圣母玛利亚诞下耶稣基督之地”，圣坛上方悬挂着 15 盏银制长明灯，据说，来自世界各地的基督徒来此朝圣，都要把手伸进星洞里抚摸下，以求得一生的平安吉祥，还未等我将手伸进去，后面急不可耐的游客就将我挤到了出口。

耶稣是 12 月 24 日下半夜在此出生，每年的圣诞节“平安夜”，来自世界各地的基督徒，都会集聚到马槽广场，参加圣诞大教堂举行的子夜弥撒。

耶稣诞生之地

公元 385 年，拜占庭君士坦丁大帝的母亲海伦娜到巴勒斯坦朝圣时，选定耶稣诞生的马槽为址建造圣诞教堂，以纪念耶稣诞生的传奇。至今，圣诞教堂初建时的马赛克地板，仍有部分可见；公元 565 年查士丁尼大帝修建了耸立至今的圣诞教堂，墙壁上有马赛克拼图、柱子上有蜡画和各种装饰品；波斯人七世纪入侵伯利恒，毁坏了这里大部分建筑，但圣诞教堂却得以保存下来。2012 年被列入世界文化遗产名录。

以色列濒临东地中海的经济枢纽特拉维夫

特拉维夫农贸市场的犹太商贩手举辫子让我拍照

摊位上硕大的牛油果和诱人的柑橘都产自以色列的沙漠果园，当年马克・吐温笔下“令人窒息，毫无希望的沉闷土地”，如今被“创新为本、科技立国”的以色列人改造成生机盎然、花团锦簇的沙漠绿洲，占领了欧洲40%的花卉、蔬菜和水果市场，成为农业和其他高端领域的科技大国。

从宗教圣殿到高科技王国，所到之处无不令人眼界大开、惊叹不已！这个神奇国家崛起之谜到底是什么？为什么在这里我完全感受不到那种废墟文化和破损文明带来的失落与忧伤。我们的地接导游黄先生在以色列待了17年，他一句话揭开了谜底：“以色列面积和人口相当于中国一个中等城市，自然资源极其贫瘠，它们取之不竭的资源就是智慧与创新。”是啊，一个精神信仰统一且传承着创新基因的民族，一套制度安排和运行保障机制高度完善的体系，怎能不焕发出蓬勃生机和创造激情呢？这正是我此行最深刻的感受。

2017年6月29日

在约旦体验世界之最

令我震惊的唯有东方大地，玫瑰红墙见证了整个历史。

——19 世纪英国诗人威廉·贝根

佩特拉：沙漠峡谷中的玫瑰城

佩特拉，是希伯来语的岩石之意。圣经记载："先知摩西带领犹太人出埃及返回迦南路过此地，因沙漠无水干渴难耐，后在上帝提示下，摩西遂以杖击石出水，解救了众人。"佩特拉就是圣人摩西击石出水之地。

这座约旦南部沙漠里的神秘古城，隐没于死海和阿克巴湾之间，距约旦哈希姆王国的首都安曼 255 公里。公元前 2 世纪，佩特拉成为厄多姆王国的首都，纳巴泰人仿效古希腊城邦制度对佩特拉进行管理。他们利用得天独厚的地理优势，给过往的各国商队提供水源及安全保护，从中收取货物税和过路费，开始变得强大而富有，成为中东的商贸中心。公元 106 年，罗马帝国攻占了厄多姆王国，在沦为罗马行省的 300 多年时间里，佩特拉继续繁荣不衰，罗马工程师们铺筑商道、改进灌溉设施，城市建设得到了持续发展。公元 363 年一场大地震和海上贸易的兴起以及新商道的开辟，佩特拉失去了地理优势逐渐走向了衰落，消失在历史的长河中。

到 19 世纪，除游牧的贝都因人外，没有外人能够涉足此地。1806 年一名德国人曾试图"好奇地溜进"佩特拉而惨遭杀害。直至 1810 年，打扮成阿拉伯人的瑞士探险家约翰·布哈尔特在贝都因人向导带领下，终于找到了"失落的古城"。他的笔记中讲述了这一惊心动魄的经历："一路上向导对我进入一些坟墓感到诧异，当我由小路进到卡兹尼神殿的时候他忍不住了：'我现在看清了，你是一个对祖先的遗迹怀有企图的异教徒，你想廉价地利用我找到隐藏在这里的宝藏。'阿拉伯人和土耳其人根深蒂固地认为欧洲的旅行者会寻觅隐藏的宝藏，不然他们不会如此警惕地留意我的每一步……在从未有旅行者到过的沙漠中我缺乏保护，这是非常不幸的。"布哈尔特的发现震惊了世界，经多次探测和对所发现铭文的破译，神秘消失1000多年的佩特拉终于回归文明世界。

纳巴泰人在神庙中供奉的主神“都萨尔斯”是一块石头。整座城开凿在坚硬的岩石上，依山崖而建，视野内怪石耸立、鬼斧神工，赤褐色的砂岩，在阳光照耀下，色泽瑰丽、层叠交错，绽放出美丽的纹路和色彩，异常迷人。

大自然造就了千姿百态的奇石，它的色彩和纹路像不像三文鱼？

建于公元1世纪的方尖碑墓穴

西克峡谷

这条长约1500米的天然峡谷，是通向佩特拉的必经之路。谷内最宽处约7米、最窄处2米，人称“蛇道”，峡谷两侧的山体原本连在一起，后因强大的地理张力导致地表断裂，加之经年累月的洪流冲刷及强风侵蚀，渐渐下切形成狭窄的隘口，从这里经过的商队，也就不得不留下过路钱。

“蛇道”内供奉着纳巴特人信仰的神灵——朵夏拉之石，这块祈愿丰收的巨石刻有眼睛和鼻子，内涵是：神灵不用说话，它用眼睛注视着人们。在蜿蜒幽深的峡谷中行走，微风轻拂、回音荡荡，聆听着游客们说话的回音及嗒嗒的马蹄声，甭提有多么惬意了。导游告诉我们，峡谷两边的山体原本是连在一起的，后因强大的地理张力导致地表撕裂，年复一年的洪流冲刷和强烈季候风的持续侵蚀加快了裂痕下切，渐渐变成今日岩壁光滑、五彩缤纷、光怪陆离的模样。仰望苍穹，石岩成缝，只见一线青天。

藏宝库——芝麻开门

它是2000年前的纳巴特人一斧一凿在岩壁上雕凿出来的。罗马人占领佩特拉后，又按罗马风格加以重建。因整座建筑雕凿在沙石壁里，阳光直射下，粉、红、橘色层次分明，特别是相衬黄、白、紫三色条纹，更是熠熠生辉。这里不仅是传说阿里巴巴与四十大盗的藏宝处，而且是美国大导演斯皮尔伯格执导的好莱坞大片《夺宝奇兵3》中放置圣杯的地方，斯皮尔伯格果然慧眼识珠，这里的确是盛放圣杯的最佳之地。

尚未步出狭长的蛇道，峡谷裂缝间就闪现出圆柱、壁龛、三角门楣影影绰绰的截面，我们赶紧加快了脚步，走出四面峭壁的“蛇道”，只见一座融合了古希腊、古罗马和阿拉伯风格的高大神殿镌刻在玫瑰红的悬崖上，这就是纳巴特王国阿拉塔斯三世国王的陵墓，传说中有大量珍宝陪葬。历经2000多年风化侵蚀，那亮丽的色彩、唯美的造型和不凡气势，依然精致清晰、美轮美奂，宛如一颗镶嵌在岩壁上熠熠生辉的宝石，让人感觉仿佛走进“一千零一夜”神话中。

罗马式露天剧场

这座 2 层建筑的底层由一道大门引导进入大厅，门的两侧各有三根罗马式圆柱支撑。导游介绍：中间壁面的雕像，是宙斯的双生子——太阳的马夫，一个往西骑行，一个往东骑行，象征着发送死者的灵魂进入另一个世界；上层也由 6 根罗马式圆柱支撑，左侧壁龛中的人物是希腊女神堤喀，右侧是起舞的亚马逊女战士，中间圆形壁龛的人物是埃及女神伊西斯，她左手抱聚宝盆，右手提着乐器，魅感十足。但最博人眼球的，还是顶部装饰的宝瓶，上面写着“Al Khazneh”即“藏宝库”，仅这三个字就足以令人萌生出无尽的遐想……

剧场对面胡布萨山上的贵族墓群

剧场看台依托山坡呈扇形散开，中间有疏散通道，与现代剧场结构大同小异。颇为惊奇的是，这座可容纳数千名观众的剧场，竟有天然的音响效果，站在舞台中间说话或击掌便能形成强烈的回音，哪怕坐在最后一排，也听得十分清晰。同样过目不忘的还有剧场与贵族墓群为邻的独特创意，让人不由突发奇想，当戏剧上演之时，墓中的祖先是否会和他们一起观赏呢？

我在土耳其的一些小镇上也看到过类似墓葬，但佩特拉的贵族墓群由于集中排列和增添了对面戏剧场景的元素而更具创意。墓群中第一个是两层楼高的宝瓶墓群，它刻在直立的岩壁上，里面有许多墓室，宽大的阶梯仿佛是通向天堂的天梯，令人惊叹；沿墙边那些没有凿穿的窗户，被纳巴特人称为公正法院，地下墓室则为监狱；东面的左手边是丝绸墓群，它外观独特，由多彩岩石的旋涡纹饰组成，华贵精美；接下来是巨大的玛瑙墓群，从正面看

夕阳下的戴尔修道院

它与藏宝库极为相似，但已被严重风化侵蚀，这座墓融合了纳巴特与希腊和罗马的多种建筑元素，以彰显其祖先的显赫身份。

修道院高 50 米、宽 47 米，是佩特拉古城最大的双层式纪念碑。公元 1 世纪时，这里还是国王的墓场，拜占庭时期，改建为教堂。其上层与藏宝库颇为相似，里面是一个空旷的大房间，除了几个十字雕刻外别无任何装饰；下层由嵌入墙面的柱子和一个巨大正门构成，两边圆柱之间的墙面上各有一个壁龛放置雕像。如果有足够的时间和体力，可攀登到最高点的宝瓶上，看旭日东升、观落日晚霞，将佩特拉的奇观美景尽收眼底。

总之，佩特拉就像一本没有写完的书，谜团重重、引人遐思。考古学家们指出佩特拉 90% 的城区仍在地下有待发掘，而我们所看到的不过是九牛一毛。2007 年佩特拉与我国的长城一起被评选为世界新七大奇迹。

沙漠中五星级“皇冠酒店”CROWNE PLAZA

在死海体验“不沉之海”

死海位处地球上海拔最低处，顾名思义是“不能孕育生命的海”，因湖水含盐高达31.5%，产生了强大的浮力，被称为“不沉之海”，岸上没有海鸟、树木和绿草，只有猛烈的风在湖中兴风作浪。死海还是地球上气压最高的地方，空气里含有大量的氧，让人感觉呼吸畅快、神清气爽；尤其是湖水中富含镁、钠、钾盐等12种稀有矿物质，对护肤及缓解关节炎、促进血液循环等有明显功效，成为游客们追捧的旅游胜地。

在死海漂浮

乘巴士从首都安曼顺公路而下，不到一小时就到了死海。我们下榻的“皇冠”酒店就建在连接死海的沙漠之中，有自己的私属沙滩，走过院落游泳池上端的步行桥，即可乘坐专属电梯到达沙滩。但我们的运气不够好，恰遇阴天且风浪较大，漂浮有一定危险性，只能在岸边不远处尝试不沉的感觉，只要身子往后仰，一下子就浮起来了，我兴奋得一不留神，眼睛被浪花溅进水了，疼痛难忍，这可是含盐31.5%的水呀，好厉害！赶紧起来找酒店工作人员冲洗。虽然天公不作美，未能如预期所愿，美美地享受阳光下漂在波光粼粼湖面上闭眼遐思或捧书阅读的惬意与浪漫，但能够在世界上唯一不沉的湖面上漂浮，涂上大名鼎鼎的黑泥拍照留念，仍然意义非凡、难以忘怀。

2017年7月21日

200 多年前，人类第一次亲眼看见南极

南极纪行

我渴望见到这些冰山巨人，
它们的头在冰雪中挤靠在一块，
绿色的根却在200 公里的深深地底沉睡。

——英国作家威廉·豪伊特

只有实现了心的渴望，才算到过梦想中的天堂。

有生以来，从没想过有一天会去南极，印象中的南极就像月球一样遥远和神秘。在北极旅游受到的强烈震撼，使我毫不犹豫地报名跟随旅行团横跨东西半球、穿越南北回归线，于 2017 年 1 月 25 日下午 4 点从世界尽头的港口小城乌斯怀亚，登上了“海钻号”邮轮，一路向南，这仿佛是一次将会延续一生的航行。

邮轮在风平浪静的比格尔海峡行驶，在船方举办了欢迎须知会和安全演习后，兴致正浓的游客利用进入德雷克海峡前的休闲时间，到开放的酒吧和探险队员们喝酒闲谈、咨询请教各种问题或到甲板上眺望拍照。

穿越德雷克海峡

晚上，邮轮悄然驶入“杀人西风带”德雷克海峡，船体开始摇晃起来，我赶紧收拾起桌上及洗漱间的东西，将抽屉柜门用绳固定好，吃下晕船药躺到床上去，耳旁是海浪拍打船身发出的巨响，身体随着床和颠簸的船体一起晃动，行李箱顶住的房门，不停地发出撞击声，我紧紧地抓住床边把手，为给自己壮胆，回想起英国探险家沙克尔顿带领 5 名船员驾驶一条不足 7 米长的木船，从大象岛前往南乔治亚岛捕鲸站求救的史上最伟大探险奇迹，他们与狂风海浪肆虐的冰海搏斗了 16 天，终于穿过了这个星球最令人敬畏的海洋，又接连 36 小时不眠不休地徒步跨过冰川、雪原和崎岖山岭，终于把困在大象岛的船员全部救出。真是立竿见影，我顿时勇气倍增，从床上爬起来，钻过厚厚的窗帘往外看，太恐怖了！墨灰色的天水一色，大海咆哮着，腾起白色的巨浪、排山倒海般涌向船身，呼啸的狂风，将翻滚的浪尖撕成碎片……曾让无数船只倾覆，被称为“死亡走廊”的德雷克海峡果然生猛可畏，我们这艘 8300 吨巨轮在狂风巨浪的海面上，颠簸得像一叶扁舟。我赶紧躺回床上，听着肆虐的风声和浪击的巨响，满脑子都是沙克尔顿和从南极点返回途中悲壮死去的斯科特及四名队员的英雄壮举，心情由恐惧、激动到归于平静，也多亏服用了晕船药，能够像躺在摇篮里一般，晃晃悠悠地睡着了。

窗外的德雷克海峡

德雷克海峡位于南美洲和南极洲之间，长 330 公里、宽 900 公里、水深 3.6 公里，是世界上最深、最宽的海峡。是来自南极的干冷空气与南美洲温湿气流交汇地带，盛行西风，年均风力 8 级、浪高 7 米之上，史上最高纪录曾达 30 米，终日狂风怒吼、巨浪滔天。

1 月 26 日　阴　气温 5℃

今天，我们仍在德雷克海峡上饱受煎熬。早晨，餐厅里进餐的人很少，船方按计划仍为不多的听众安排了“德雷克”及南大洋海鸟、南大洋鲸类以及摄影技巧入门的讲座，探险队长伍迪召开了每日的“探险小结会”。晚上是“船长欢迎酒会”和晚宴。俄罗斯籍船长深邃如海、不苟言笑，致完辞即闪人，风趣亲和的伍迪队长却始终和大家在一起，他一句“船长不善言谈交际，但驾驶经验和技术是最棒的”介绍，让大家原本有几分黯然的情绪又高涨起来。

1 月 27 日　晴 气温 4℃

欢欢喜喜过大年

从邮轮驶离乌斯怀亚那刻起，我们就开始了与世隔绝的日子，没有通讯信号也看不见一艘船，感受到“孤独与寂寥是南极一大杀手”的含义。早餐后，我在甲板上伫立良久，茫茫大海、无处寻迹，只有在浪花上展翅盘旋，追逐着我们邮轮的“飞鸟之王”黑眉信天翁相伴，它们天生漂泊，雄踞于波涛之上，与南极的天空融为一体，我的目光追随着它们顽强的生命在南大洋翱翔。

黑眉信天翁分布在南极的海洋上，在南乔治亚岛等 12 个岛屿繁殖。近些年，因数量大幅下降，被列为濒危鸟类而受到保护。它们平均寿命 23 年，最长的超过 70 年，这些滑翔高手一天可轻松飞行近 20 个小时。

南极海域黑眉信天翁

包饺子，欢欢喜喜过大年

今天是大年三十，邮轮已驶入了南极半岛海域，船也开始平稳下来。上午，我们听了“南极的海豹”讲座，参加了探险队长伍迪召开的“强制性登陆与冲锋舟安全须知会”，明天我们将第一次离船出游。下午大家编排晚会节目。在远离祖国两万余里的南极海域，在我们南极的家“海钻号”上，风雨同舟的游客与探险队员、船方工作人员兴高采烈地度过了一个包饺子、年夜饭和联欢晚会一样都不少，丰富多彩、别开生面、意义非凡的年三十。

1 月 28 日　阴 气温 2℃

穿越南极圈

这些孤绝之景不是出自自然之手，上帝才是它们真正的创造者——上帝。这是他完美无瑕之作，让人思考永恒之物。

——美国风景画家柯尔

大年初一，“海钻号”穿越了南纬 66°33. 4′南极圈，进入真正意义上的南极。清晨，集聚到甲板上第一次走进“冰冻星球”的游客，在看见冰山的那一刻惊呆了，痴痴地望着前方庞大奇异的冰山，泛着亘古的蓝色，那亿万年时光凝聚的神韵夺人魂魄，彰显着一种圣洁的力量。如果非亲眼所见，永远也想象不出冰山竟如此瑰丽和梦幻！那一刻，美到想哭！真想面对南极跪下来，与亿万年生命相逢，仿佛得到了重生，那是一种临近无限的感觉，好像触摸到了宇宙的脉搏，时间停滞了、思维停止了，灵魂也被白色荒原强大的脉动吸了去，随其浩浩荡荡向南漂流……

当我清醒过来，才发现甲板上就剩下我一个人了，虽然寒风刺骨，但内心深处重生的快乐却喷薄而出，这是生命的冶炼，一切私欲俗念皆被放空，回归质朴。这片威廉·莎士比亚笔下的“原初天堂”有一种灵性和解放人心的魔力，而走过大半人生的我，正需要这样的孤绝行程来反省和沉淀。

大自然鬼斧神工的艺术品，闪耀着濒危晶莹的蓝光，宛如来自远古的雕塑，冻凝着比人类久远得多的时光。

冰山可划分为巨平台型、平台型、圆顶型、倾斜型和破碎型等五种类型。最常见的是平台型；其他形状的冰山大多是经风吹浪打或颠覆而形成。据说，在南极海面漂浮的冰山大约有21.8万座。

巡游拉勒芒得湾

早晨的太阳躲在厚厚的云层后面，灰蒙蒙的雾气久久不肯散去，这是我们第一次离船乘冲锋舟巡游。被阴郁天空笼罩的峡湾小雨绵绵、雾气蒙蒙，弥漫着苍茫冷酷的美，远方沟谷纵横的黑色山脉点缀着皑皑白雪，就像一幅水墨画；泛着蓝光的海冰浩浩荡荡地从船前涌过；岸边冰架上崩落的冰山，仿如宇宙的繁星，在浩瀚无际的大洋中荧光闪烁，在风和海浪的作用下，缓缓地向北面飘去，这一飘不知要行走多少年？从恒久的沉寂到古老的冰，都给人以永恒近在咫尺的感觉，我终于见到了地球最原初的一面，它如此浩瀚，如此狂野，我真想化作一块幽蓝的海冰，随着海流去浪迹天涯。

这里一片死寂，却又如此迷人！只听见崩裂冰河中，冒出远古气泡的“嘶嘶”声响，那是冰在海里变回水的声音。地球上再没有比这更黑暗、更寒冷、更荒凉的地方了，这是一个富有终极意义的世界。

幽蓝的海冰充满了诱惑，其水下部分如碧绿的翡翠深埋海中，色彩迷离、摄人魂魄。海面上漂浮的海冰，有的是由水和雪生成的冰山破碎后形成；有的由海水冻结而成。

海面上的冰山不过是小小一部分，5/6 的冰体都沉睡在幽暗的海水之下。所谓“冰山一角”，形象地说明了冰山在海面与水下体积的比例。

这只阿德利企鹅孤零零地在海冰上四处张望，宝贝，你遇到了什么问题，让我牵挂！

巡游中，我们看见峭壁上一只竭力挣扎的小鸬鹚被贼鸥活活地撕扯吞食，直面小鸬鹚悲惨遭遇，每个人都沉痛无语，南极生态圈是由食物链维系着充满杀机的世界，这里既有母爱的温馨，也有弱肉强食的残暴，正是这种你死我活的生存竞争，维护了极地生态系统的平衡。

返回邮轮时，我们遭遇了浮冰的围堵，海面上令人眼花缭乱碎裂的浮冰相互挤压、交叠和碰撞，几乎堵塞了每一处缝隙，冲锋舟在与浮冰激烈碰撞中摇摆得厉害，若不牢牢抓紧艇边冰冷湿滑的绳索，随时会被颠到水温不足零度的南大洋里，嘎吱作响的冰面和耳旁怪异的风声，让人不寒而栗，冰山和海冰在洋面上神出鬼没，导航稍有不慎，冲锋舟随时有被撞碎的危险，由于碰撞得厉害，发动机熄火了，我们被困在浮冰的围堵中，好在驾驶冲锋舟的探险队员经验丰富，十多分钟后发动机就重新发动起来，当我们最终冲出浮冰横冲直撞的层层阻挠，向我们南极的家“海钻号”疾驰而归时，每个人的脸上都挂着一种莫名的激动和满足，真惊险，太刺激了！

大年初一，南极圈挑战冰泳，水温 0℃。

船方选定冰泳的位置恰好是纬度与经度同在 66°55′上，多么巧合！

1 月 29 日　阴 气温 1℃

登彼德曼岛

在冲锋舟上我们远远就望见岛上尚未融化的积雪被企鹅粪便染成了淡红色，裸露的岩石上密密麻麻地挤满了身着黑色燕尾服，风度翩翩、讨人喜爱的阿德利企鹅，似乎在列队欢迎远方的朋友。尚未登岛，一股臭虾酱味就随风飘来，但有谁会嫌弃自己的孩子呢？它们可是我的最爱！盼星星、盼月亮般等来了与它们相见的幸福时刻，当那些黑头白眼圈、大腹便便、举止从容的企鹅终于近在眼前，我的心即刻被爱融化了，这可不是电视或图片上的影像，我们正与企鹅面对面，岛上到处是它们圆滚滚、笨拙可爱的身影，有的正在专注于哺育下一代，身下的小企鹅不时伸出毛茸茸的小脑东张西望；有的在海滩四周“转悠”，寻找碎石头造窝；有的刚从大海饱食而归，匆匆小跑去找自己的孩子喂食；还有几只刚离开妈妈怀抱的小企鹅，披着一身灰色的绒毛摇摇晃晃地四处“溜达”，一只离我最近的小家伙，停下脚步好奇地打量着戴着墨镜的我，憨态可掬，样子萌极了，我与它对视着，满心欢喜，真想把它抱起来；忽见有两只企鹅跑了起来，几只小企鹅在后面拼命追赶，这是因为妈妈带回的食物有限，没法养活两个孩子，只能让身体素质好、跑得快的孩子填饱肚子，在南极严酷的冰雪世界，只有不到50%的小企鹅能够存活下去。看着两只幼雏踉踉跄跄奋力竞争的场景，不禁黯然神伤，难过许久。

南极世界快乐的“小人”

在南极，新生命是一场充满风险的旅途，小企鹅从出生那一刻起，就要为活下去而斗争。此时，我已没有心情再向山顶攀登，去俯瞰峡湾内壮美的风光，坐在雪地上打开视频，拍下这繁忙有序、让人快乐又心酸的企鹅生活。

离开彼德曼岛我们就在附近潘诺拉峡湾巡游，这里是鲸经常出没的海域，它们巨大的身姿就隐藏在这片深邃冰冷的海水中。我们开着冲锋舟在海域飞来飞去，追寻着座头鲸若隐若现的行踪，只要看见鲸在喷水或脊背弓出水面，我们的冲锋舟就疾驰而去，有时还未等我们赶到，这些十几米长、重达几十吨的庞然大物便瞬间潜入水中，几分钟后，又从另一方向出现，同我们玩起捉迷藏的游戏，那庞大的身躯随着海浪有节奏地起伏，储存够新鲜空气后，一头扎入水中，将尾叶从水中高高翘起，与我们分享着智慧与快乐。每次看见鲸露出水面和尾鳍翘起的瞬间，大家都激动得一阵尖叫和狂拍，虽然冲锋艇靠得很近，它们却并不与船只碰撞，否则，只要鲸背轻轻一拱，我们的冲锋舟肯定会底朝天。可见，鲸不仅是海洋之王，还是人类的好朋友。想起大探险年代，为追逐鲸油暴利对鲸肆无忌惮地猎杀，内心满是愧疚！绿色和平组织成员吉尔·史蒂文森在创作的鲸诗篇中描述："我这个大个子，几乎没有敌人，唯一的敌人就是：人类"。想起这句话，心里就沉甸甸的。

座头鲸是捕食磷虾的能手，它们会吹出泡泡网围住磷虾群，然后嘴巴大张吞下一大群磷虾，座头鲸的食量很大，每天要吃掉1吨多的磷虾。它们一边喷气一边奋力前行，巨大的身躯飞出水面，跃身击浪。

捕食磷虾的座头鲸

勒迈尔水道

勒迈尔水道长1.1公里，最窄处800米，它像一座世界顶级美术馆，将南极的神秘、圣洁和壮美展露无遗：水道两侧黑色峭壁的沟壑处铺洒着皑皑白雪，黑白交错、冷酷迷人，这是千万年来未被碰触过的世界，依然保留着初始的圣洁，令人不得不叹服大自然的笔墨功力；山脉下是轻波微澜涌动的冰山和蓝光幽幽、纯如水晶的海冰，间或还掩映着一抹抹神奇的绿，峭立的山脉和勾魂摄魄的冰山在波光粼粼的水面上与倒影相叠，我们的“海钻号”紧贴山脉峭壁缓缓滑过，细细看来：那黑色的峭壁经千年风化，石雕般凌厉伟岸，沟壑上挥洒的雪纤尘不染，白得闪光耀眼，美得不染凡尘，真是此景只应天上有，人间能得几回见？这是我终身向往的地方。

1873年由德国探险队发现，1898年比利时探险队首次从水道通过，并以发现刚果的比利时探险家查尔斯·勒迈尔名字（Charles Lemaire），将水道冠名为勒迈尔水道。

冰山每年积累下来的冰层，在冰川学上叫年层。冬天的积雪经过夏季的消融，会形成一个污化面，这是划分年层的天然标志。有了年层冰山就能被测出年龄来。

这么小的平台冰山居然有年层

普兰纽湾冰河广场

这是一大片开阔的冰河，天湛蓝、冰剔透、海碧绿，海面清澈如镜、倒影连连，一座座千姿百态、精雕细琢的冰山，光怪陆离、流光溢彩，舒展着优美的身姿，从眼前舞过，一朵朵晶莹剔透的“冰海睡莲”，泛着幽幽蓝光横冲直撞、前呼后拥地挤压着沉寂的海面，这是一个略带诡异、做梦都无法想象的冰河世界，在神秘、静谧和美丽中暗藏着危险，我泪眼蒙眬地望着眼前纯净得发亮、荧光闪烁的冰河，内心充满了虔诚与敬畏。

看，巨大的冰洞不知深藏着多少秘密

探险队员告诉我们，南极的冰有白、蓝、黑之分，最年轻的是白冰，蓝冰大约有500万年历史，黑冰最古老，有1000万年的历史，令人咋舌的历史，想想就激动，只有到达了地球的两端，才能深深体会到，地球本身才是终极的文明。

无限深蓝怀抱着冰冷清冽的荒凉和寂寥

你观左，我看右，豹海豹是否会躲在水下等着我们？

5只躺在浮冰上打盹的豹海豹与我们近在咫尺，我们举着相机一阵狂拍，一只海豹睁开惺忪的圆眼睛歪头打量了我们一眼，又埋头睡去，其余4个动都不动，毫不介意我们的存在，别看它们憨憨笨笨的样子，在水下却十分灵活凶猛，豹海豹不仅以鱼类和磷虾为食，个头大的还能捕食王企鹅和帝企鹅，据说，历史上亦曾发生过豹海豹攻击人类的事件，它们可绝非等闲之辈。

不大的浮冰上栖息着5只懒洋洋的豹海豹，它们牙齿尖利无比，能把猎物撕扯成一条一条的，特别喜欢猎食阿德利企鹅。

1月30日　阴　气温5℃

登丹科岛

丹科岛是一个非常小的岛屿，小虽小，却有1600对巴布亚企鹅的家安在这里。我们刚刚上岸，就发现几条羊肠小道从海滩蜿蜒伸向山顶，30多只巴布亚企鹅张着翅膀、一溜小跑着来来往往，异常繁忙。探险队员告诉我们，这就是承载着企鹅生命和希望的“高速公路”，要求大家保持距离，不要打扰它们。我们在“高速公路”探险队事先插好的小旗子外，观察着风度翩翩的巴布亚企鹅，它们有着红色的喙和粉红色的蹼，眼角处有一个红色的三角形，头顶还有一条明显的白斑，眉清目秀，形态也十分优雅，比起黑头白眼圈的阿德利企鹅显然美了几分，难怪被称为“绅士企鹅”，非常讨人喜欢，探险队员说它们是继帝企鹅和王企鹅之后体型最大的企鹅。

裸露的岩石是冰雪世界的“绿洲”，企鹅们在这些岩石上生儿育女

我依靠登山杖吃力地走向山顶，观看巴布亚企鹅在山坡高处养育后代的动人场景，忽见几只企鹅从大海那边急匆匆“狂奔”而来，瞧它们圆鼓鼓的肚子，一定是“捕食”归来，其中一只几次摔倒，仍不管不顾地直奔向一只正在孵育的企鹅身边，一起仰天嘶鸣，然后接替了站在窝上企鹅的位置，低

头喂食脚下毛茸茸的小脑袋，被替换的企鹅又上了“高速公路”，一溜小跑，向海边奔去。我被深深地感动了，痴痴地望着这一幕亲情画面，连拍照也忘到九霄云外去了。突然一只贼鸥叼着一只全身灰色绒毛的小企鹅从我头顶掠过，惊醒了我，只见它一甩头将企鹅从空中摔下地面，并快速俯冲下来吃着小企鹅的内脏，真是惨不忍睹，还尚未从亲情的感动中平静下来，又即刻陷于悲痛之中，这悲惨的一幕，一直萦绕在我的心头，难过许久。

我亲眼见到了企鹅在世界尽头谋生的艰辛，它们在这块净土上顽强生存的状态让人惊叹和敬重！

天堂湾

天堂湾是南极半岛中一个三面环山的湾口，在终年狂风肆虐的南极，这里却风平浪静、风光壮美，正如其“天堂”的名字，是令人魂牵梦萦的福地。

1920 年，捕鲸人在一次狂风暴雨中被吹到这里，发现了这个南极半岛最优良的避风港。咖啡色的房屋是已经废弃了多年的阿根廷科考站。目前，有 30 个国家在南极建立了 150 多个科考站。最远的是距南极点 100 米的美国“阿蒙森—斯科特”科考站，最大的科考站是美国麦克默多站，该站拥有 200 多座建筑，三层楼就有 10 多座。

这次我没有止步与可爱的巴布亚企鹅更多共处，因为停留时间不多，如果来到“天堂”，不登上雪山之巅，俯瞰海湾全景，一定会抱憾终身！我拄着登山杖，沿着前面极友的足迹深一脚、浅一脚，小心翼翼地挪动着笨重的靴子，摔倒了，赶紧爬起来，奋力向山顶蹒跚攀行。站在雪山顶上回首眺望，冰雪从岸边一直铺上几百米高的山顶，真不敢相信自己竟然走了上来。往前看：沉寂的雪峰、闪光的冰川，蓝绿色的冰海以及浮冰上一群身轻如燕、勇敢地跳向冰海去觅食的巴布亚企鹅，都在那广袤的深邃之中尽显着无声的壮观。由于海风受到冰川峭壁的阻挡，湾内海水平稳如镜，四周静谧得仿佛时间停止了，我坐在雪地上，呆呆地看着眼前冰雪天涯的无限风光，偶尔从远处传来几声冰川崩塌入海的轰鸣，真是静如天籁、美如天堂，只有面对这惨白的死寂和绝美的空间，才真切感觉自己来到了世界的尽头。

“天堂”归来

听说南极有会唱歌的冰，今天总算见识到了。晚上，探险队向导达文·哈芬（Daven Hdfey）将从海面上捞起的“万年冰”在酒吧间与在场的人分享，我刚好在酒吧闲坐，马上凑过去要了一杯威士忌，往酒杯里放上几块碎冰，冰在融化时发出了“噼噼啪啪”悦耳的声音，原来古老的冰川，冰雪里的气泡被重压封闭，在融化时会炸裂作响，大家边饮清爽滋润的美酒，边欣赏“万年冰”的绝唱，与万年寂寒亘古的世界邂逅，激动之情，实难用言语表达。

1月31日　阴转晴 气温4℃

到访长城站

今天，是在南极的最后一天，我们到访了乔治王岛的中国南极科考站“长城站”。乔治王岛位于南设德兰群岛的南端，在这个面积1160公里的岛上，分布有9个国家的科考站。

冲锋舟上拍下长城站

1985年2月我国第一只科考队仅用50天时间就建成了中国第一个南极常年科考站“长城站”，并首次在站里过冬。我国在南极建立的4个科考站中，2009年1月建成的昆仑站是首个在南极内陆设立的科考站，位于南纬80°25′、西经77°06′。

长城站面积约为2.52平方公里，包括7座主体建筑，令人倍感亲切的是辖区内的中国元素：雪坡下立着“爱国、求实、创新、拼搏”8个熟悉的钢架大字，坡上的汉白玉栏杆内是一口青铜大钟，上面铸有长城图案和“长城和钟”四个繁体字；右侧是一块半人多高的石头，上面刻有红色的“长城站”及中国1985年首次在南极建立科考站日期的一行小字；更具中华特色的是储油罐上画着“八仙过海”中的铁拐李、何仙姑、吕洞宾等，这里距离北京17501.95公里，可见到达南极有多么不易！长城站一位来自东北的小伙子告诉我们，每年夏天都有五六十人在这里进行科考和研究工作，而冬天只留下不到20人。乔治王岛冬天气温 -50℃、风速每秒达40多米，科考人员就在这几栋房子里度过单调漫长的冬季。

乔治王岛冬季酷寒、地处南大洋西风带，但有3个淡水湖，海滩平坦，夏季露岩和地衣苔藓相对较多，是企鹅和鸟类栖息繁衍之地，适宜开展科考工作，所以是南极各国科考站最为密集的区域，被称为南极的“地球村”。我国在南极设有4个科考站，长城站是其中海拔和纬度最低的一个，也是我国游客唯一可能到达的站点，由于风浪较大，8级以上大风长年不断，不少旅行团都未能如愿登岛，带着遗憾而归。今天，我们真是太幸运了！

告别“长城站”，“海钻号”开始向北返航，我站在甲板上，目送那些影影绰绰的山峰渐渐消失在薄雾中，面对要永远离开的这片冷酷荒原，我几乎无法克制悲伤的感情，眼眶充满了泪水。南极之旅结束了，我们将再度跨越德雷克海峡，带着最美好的回忆及独特体验返回喧嚣的世界。

2 月 1 日 阴 气温 3℃

再次穿越德雷克海峡

归程的德雷克海峡比来时还要凶险，30 节的风速在海面不间断地掀起 10 多米巨浪，正如极友们概括的“躺下来身体在晃，站起来脑袋在晃，走起路来身体在晃”，尽管船上很多游客已被折磨得倒在床上、不吃不喝，呕吐不止，连胆汁都吐出来了，我却比来时感觉好多了，也不晕乎了，俗话说“人逢喜事精神爽”，在南极的每一天都是天大的喜事，精神一直处于亢奋状态。我扶着船舱墙上的扶手一步三晃地去酒吧间，倒了杯咖啡，在面向海峡的门窗角落独坐下来。

我爱大海，只要面向波涛汹涌的大海，思维就格外活跃清晰，望着白浪滔天、狂风呼啸的德雷克海峡，思念起在海中游荡、冰肌玉骨、深蓝幽幽的冰山和晶莹瑰丽、美如翡翠的海冰，思念洁白无瑕的雪在黑色山脉上挥洒的水墨画卷和在冰海中看海豹、追逐鲸的无尽欢乐，思念崩裂的冰河中，冒出远古气泡的“嘶嘶”声响，倾听冰在海里变回水的声音；思念在近似雪、远如云的“水晶宫”中奇妙穿行，以及从亿万年冻结的蓝色冰川方向飘逸过来深沁心脾的缕缕雪香；我思念在天上翱翔、陆上栖息、水中漫游的南极生灵，它们在终年酷寒、荒凉贫瘠的天涯海角、千米深海中，顽强生存、生生不息，那一幕幕永难忘怀的生命绝唱，已远远超出审美的意义，给予我太多的精神滋养与人生启迪。

来到南极，才能感同身受极地探险的艰辛与崇高。我向为南极探险英勇献身的斯科特致敬！他冲击南极点的五人组全部在返回途中遇难，每当想起他们在极地酷寒的黑暗中行走，对抗地球上最可怕的寒冷与最狂烈的风暴，在油尽粮绝中悲壮死去，眼眶总会湿润；向在绝境危情下展现出极限领导力的沙克尔顿致敬！他带领的团队创造了人类探险史上最伟大的生存者奇迹，成为 MBA“领导力”教程最具人性光辉的典范，连第一个到达南极点的阿蒙森也不由发出赞叹：“勇气和毅力能够创造奇迹，那个人实现了我所见过的最伟大的奇迹。”向睿智高效的阿蒙森致敬！他终于像一个真正的探险家那样，在北极营救遇险伙伴途中，史诗般消失了。那个时代的极地探险家一定觉得，死在孤独的冰雪中，最为完美。

正是无情的“杀人西风带”和浪如山高的德雷克海峡，阻挡了人类征服的脚步，镇守住了地球上最后一块净土。1993 年一位叫凯洛琳·麦克尔森

(Karoline Mikkelson)的人，是第一个到达南极的女性，我为24年前南极才有女性的踪迹而自己能够亲历冰海荒原倍感荣幸。“人生的价值在勇于挑战”，我虽然没有冬泳经历，仍在南极圈勇敢地跳进了南大洋，去挑战自己的勇气和意志。突然一个近20米高的巨浪咆哮着越过甲板，重重地打在酒吧门窗上，发出可怖的巨响，门窗上白茫茫一片、什么都看不见了，船体也倾斜得厉害，我未等反应过来，就被甩出去，倒在地上，没有喝完的热饮杯子也摔碎了，屋内几位游客，也有一位趴在地上，圆桌上的盘子、杯子碎了一地，幸好没出意外。此时，邮轮已驶入了海峡风浪最大的宽阔海域，稳坐在沙发里思想漫游已不可能，费了九牛二虎之力才回到房间。

晚上，夸克探险队通过慈善拍卖的形式，为在南极进行的科研活动募捐，筹集的全部款项将捐赠给企鹅生命救助线。

我拍下了著名摄影师约翰·罗茨特(John Rodsted)这幅南极摄影。他的作品在世界一些著名建筑物中展出，包括联合国总部、奥斯陆诺贝尔和平纪念馆、悉尼歌剧院和伦敦皇家地理协会等。约翰先生热衷极地探险和动物与气候变化的研究，曾在南北极组织和领导了180次探险活动，令人尊敬。

2月2日　晴 气温4℃

遥望“合恩角”

上午，大家听了最后两次讲座，下午2点30分邮轮驶过合恩角，大家都集聚到甲板上眺望智利南部合恩岛上的陡峭岬角，因临近南极圈冷暖气流交汇处，附近的海域终年大雾，狂风怒吼、巨浪滔天，特别是海上航行的杀手——从南极漂来出没无常的冰山，更让水手们闻之色变，这是一个“超自然的危险水域”。据说，17世纪以来，有500多艘远洋船只在此沉没，号称“海员坟场”，一个“超自然的危险水域”，水手们认为信天翁是不幸葬身大海同伴的亡灵再现。

合恩角的东边是大西洋，西边是太平洋，两洋交汇、涛声如雷。

我是在世界尽头等待你的信天翁，
我是水手们那被遗忘的灵魂，
他们来自每一片海洋，绕过了合恩角。
但水手们并没有消失在狂暴的海涛里，
今天，从南极风卷起的最后一道波谷中，
他们鼓起我的双翅，飞向永恒。

——诗人萨拉·比亚尔以此诗描绘合恩角的信天翁纪念碑

这是此行最后一次观赏活动，随后是船长鸡尾酒会，船长致动人的“告别词”，并用一张航海图，回顾了整个行程，带领我们又一次走进了奇妙梦幻的南极之旅。船员都身着整齐的制服，逐一精彩亮相，大家一个劲地鼓掌，以表达对他们工作的充分肯定和由衷谢意！尽管不情愿，但“最后的晚餐”还是如约而至，伤感的别离、万般的不舍，尽在“杯中酒”：

举杯吧，为魂牵梦萦、终生难忘的南极之旅！

为世界尽头结下的友谊地久天长！

左边是金恩老师，她比我还要大上几岁，却已在南极度过了14个季节，除担任探险队向导，还为我们讲座“南极教会了我们什么”。我将在南极戴过的厚棉帽送给她，送走了我们，她还要随船与新的游客们再进南极。

右侧的安妮是海洋生物学家，为我们作了多次南大洋生物的讲座，她的亲和及善于表达深受大家喜爱。安妮已连续14年前往南极探险，完成了超过190次两极航行。她戴上我送给她留念的项链，我为她拍下优雅甜美的影像。

告别絮语：沙克尔顿在《南极“忍耐号”历险记》一书中回忆：“当我回顾那些日子时，我毫不怀疑，上帝一直在指引我们，不仅是在穿越那些雪原的时候，在渡过象岛与我们南佐治亚岛登岸地点之间暴风雨肆虐的海域时，上帝也一路相随……我时常觉得同行的是四个人，而不是三个。事后沃斯利告诉我，‘老大，我有种奇怪的感觉，好像行走的时候有另一个人跟着我们’克林也承认有同样的感受”。沙克尔顿和他的两名队员在渡过象岛和翻越南佐治亚登岸点过程中，有关神秘“引路人”的感应，萦绕在作家T. S. 艾略特心头，他将其写进代表作《荒原》中：

那个总在你身边走的第三个人是谁？
我数数时，只有你我在一起
但我沿着白色的道路向前看
总看见有另一个人走在你身边。

2月3日　晴　气温4℃

到达乌斯怀亚

今天是下船的日子，南极朝圣之旅圆满地落幕。清晨，乌斯怀亚的码头，探险队员和每名游客拥抱告别。回首十天风雨同舟的美好回忆，好多人眼睛都湿润了。别了，南极！我们终于成就了梦想！

与探险队员和“海钻号”合影留念，后排挥手的是探险队长伍迪。伍迪是安妮的丈夫，他热情、开朗、充满活力，每天活动结束，他主持召开的探险小结会，经常是小跑着上来，发言充满激情，让每一个人都能和他一起兴奋。

后记：在写作南极之行时，就好像重新经历了一次，心情始终平静不下来，为无比眷恋、绝美无瑕的南极风光，为企鹅等南极动物坚忍顽强的生命力以及弱肉强食世界的冷酷，更为南极冰川、冰架体系正在融化消逝，焦虑万千、忧思绵绵。一个人，只有到了南极，才会真正爱上南极，才会亲历和见证环境污染、全球变暖给南极带来的灾难，肩负起保护南极和人类家园的责任与使命。

我要留下昨晚做的梦，把它保存在冰箱里。很久很久以后的一天，当我变成一个白发老翁，便要取出我冻结的梦，把它融化，把它烧开，然后我就慢慢坐下，用它来浸泡我一双苍老的脚。

——西尔沃斯坦

2017 年 5 月 18 日

在浪漫的探戈之都——阿根廷游记

阿根廷是个遥远而陌生的国度，很多人对它的印象还只停留在足球、马拉多纳、梅西和探戈舞步上，不过近些年随着南极旅游的火爆，作为通向南极的门户，阿根廷的旅游业也随之兴盛起来。

我们在阿根廷两天的旅程十分轻松，主要在布宜诺斯艾利斯参观游览。布宜诺斯艾利斯，是西班牙语“新鲜的空气”之意，16世纪初，西班牙探险船队驶入拉普拉塔河口，只见阳光普照、绿野千里，空气清新、景色宜人，一名船员不禁高呼：“布宜诺斯艾利斯！”这一惊叹日后竟成为阿根廷首都的名称。

何塞·德·圣·马丁将军是阿根廷独立战争的领导者，为拉美独立作出了杰出的贡献。雕像由法国雕刻家路易·约瑟夫·多姆于1862年用整块铜雕刻而成，雕像中的圣·马丁头戴船形帽、跃马腾空，右手指向前方，仿佛在发出进攻号令；雕像下面是赤身仗剑的战神玛尔斯，他左手高举着一把象征着胜利的月桂枝；基座周围镶嵌着独立战争著名战役的铜质浮雕。

圣马丁广场上的民族英雄圣·马丁将军雕像

圣马丁广场的前身为马尔特广场，独立战争期间，圣·马丁将军曾在这里训练骑兵。阿根廷人民在圣·马丁将军诞生100周年之际，将这个广场命名为圣马丁广场。

联合国授权制作的钢制高科技“自由之花”，花瓣的开放及合拢完全由计算机按照阳光的强度来调整和控制，远远看去银光闪闪、极具特色。

钢制的“自由之花”

毕加索设计的“女人桥”，像不像一只倒放的高跟鞋？

远看五颜六色，近看不过是旧铁皮上涂的彩漆，阿根廷人的艺术造诣非同一般，清贫的日子，也能展示出艺术之美。

博卡港区老房子

从博卡青年俱乐部走向世界足坛圣殿的巨星们

观看探戈表演

正如桑巴舞代表巴西一样，探戈则是阿根廷的名片。到了探戈的故乡布宜诺斯艾利斯，如果不去剧院观看探戈表演，就等于没来阿根廷。演出前，我们首先品尝了正宗美味的牛排大餐，当酒足饭饱、情绪高涨之时，演出大幕就徐徐拉开了：在雾气缭绕中，上层的乐手们仿佛在云端演奏，为舞台热情奔放、花样迭出的探戈表演锦上添花、倍添光彩，演员们的服饰美艳而又不失高雅，那些默契的交叉环绕，不时变幻的优美造型，以及令人目不暇接的踢腿、旋转和折腰的高难舞姿，无不将观众带入了

街头探戈

一种如醉如痴的美妙境界，只有在阿根廷才能真正体会到探戈那无与伦比的艺术魅力。

阿根廷人热爱生活，大街上经常可以看到即兴的探戈表演，那充满南美风情、落落大方的舞姿及油然而生的欢快尤其感染着我们这些异国他乡的游客。

世界尽头——乌斯怀亚

乌斯怀亚是建于1893年的省级行政区的首府，北靠安第斯山脉，面向连接太平洋和大西洋的比格尔海峡，是世界最南端的要塞小城，距南极半岛仅1000公里。它依山傍水、风光绮丽，房屋修建得无拘无束、造型迥异、色彩缤纷，好像童话王国里的小木屋，与我在北极港口朗伊尔看到的建筑风格大体趋同，这个充满活力的小城，街道不宽，但十分干净，南极的考察船到这里补充供给，科学家们在这里度假休闲，各种面孔的游客在酒店和商铺中穿梭往来，到处弥漫着一种简朴、温馨的气氛，给游人带来一种宁和、恬静的心态。

南美大陆最南端，有个叫火地岛的天涯海角，16世纪初，葡萄牙航海家麦哲伦率领船队经过这里，发现岛上的印第安人点燃篝火取暖和照明，故给它取名“火地岛”。后来，达尔文为寻求证实“进化论”，也来到这里进行实地考察，更让这座岛屿名声大振。

火地岛火车站

火地岛的夏天是最美的，太阳发出绿莹莹的光芒，终日在地平线上做曲线运动，直到深夜11时才缓缓沉入海面，而凌晨四五点又从东方升起。

乌斯怀亚最热闹的商业一条街——圣马丁路

利用登船前空闲时间我们乘小火车游览了世界最南部自然保护区——火地岛国家公园。19 世纪阿根廷政府开始把犯人运到火地岛修建铁路和砍伐树木，正如英国当初选择澳大利亚一样，他们将囚犯流放到孤悬海外之地从事繁重的体力劳动，任你们本事通天也无法泅渡冰冷的海水。当年运送囚犯的小火车至今还保持着“囚犯列车”的原貌，只是将蒸汽机由烧木柴改为燃气，铁轨也还是那种 60 厘米的窄轨。极地公园都是原生态自然保护区，沿途所见的山脉、树林、湿地、湖泊及远方点缀的雪山和冰川，无不给人以粗犷蛮荒之感，好一幅别具风情的极地风景画。给我留下深刻印象的是那些囚犯砍伐树木幽灵般的残桩，有的已风化成岩石的质地，远远看去，就像一座座凄凉的墓碑，向人诉说着那些刺骨寒冷、繁重劳役、不足食物及非人监禁的往事，我不禁长长叹了口气，囚犯也是人，也应有人的权利！这些囚犯是乌斯怀亚最早的拓荒者。1947 年，贝隆总统颁发命令，关闭了这个监狱。

这里没有豪华的大商场，只有一家挨一家造型别致、五彩缤纷的店铺，各自用丰富的色彩张扬着独特的个性，毫不顾忌店铺之间的风格是否一致协调，每家店铺都摆满了琳琅满目的纪念品和奢侈品，只是价格不菲，但在世界尽头，能买到值得珍藏的纪念品，就心满意足了。虽然眼前街市兴盛、游客如织，但冬天南极的暴风雪一来，这里便日月无光、天昏地暗、店铺关门、街无行人了。

乌斯怀亚，有着太多难以描述的美景和故事。

2017 年 3 月 28 日

一个让人远离尘嚣的热带天堂
——巴西掠影

我们 旅行团一行 8 人，于 1 月中旬从北京踏上了前往巴西的旅程，长途飞行 30 个小时到达圣保罗，真是“转眼间从北半球到了南半球，弹指间从寒冬进入了盛夏”，我们在机场换上清爽的夏装，乘大巴直奔景点而去。

拉丁美洲解放纪念碑

这个五指张开的左手，造型奇特而寓意深远。从上拇指到手腕的下面，雕刻的血红色的拉丁美洲地图，象征着拉丁美洲国家的解放是无数烈士流血牺牲奋斗的结果，拉丁美洲各国紧密团结起来，才能共同面对当今不太平的世界及迎接美好的未来 。

开拓者群雕

巴西是个移民国家，从哥伦布 15 世纪发现了新大陆，世界各地新移民就纷纷涌向这里，为巴西发展作出了重要贡献。为了纪念这段不可磨灭的光辉历史，圣保罗政府塑造了这组花岗岩群雕。仔细看去，群雕中有亚洲人，也有欧洲人，有白人，也有黑人，有头戴白帽的穆斯林，还有怀抱婴儿的妇女，艺术家将这些男女老少、手持工具的开拓者群体雕刻得栩栩如生、十分动人。

走在大街上，能够看到在其他国家看不到的各种肤色混血类型。巴西民族的形成就像是一次大输血，除新移民外，大部分公民都是互不相同的混血儿，以及不同混血儿之间的结合，他们的祖先来自欧洲的帝国、非洲的村落以及美洲的丛林，充满血性与活力，在巴西大地上繁衍生息。

圣保罗涂鸦街

圣保罗的街头艺术相当迷人，大街小巷楼面或墙体几乎填满了风格魔幻、色彩艳丽的涂鸦，这些深受大众喜爱的波普艺术见缝插针，勾画出一幅万花筒般的城市风景。贫民窟里的涂鸦更是如此，题材无所不包，手法天马行空，就像一幅幅大型壁画，使简陋的房屋变得亮丽生动起来。对这些色彩缤纷的“乱象”，政府部门非但不禁止，还予以鼓励和支持，圣保罗著名的涂鸦一条街就是由政府组织民间艺术家们创作的涂鸦艺术精粹。在我们一致要求下，地接社临时安排了参观涂鸦街项目，使我们得以大饱眼福。

离开圣保罗，我们乘机飞往亚马逊州首府玛瑙斯。19 世纪中下，巴西垄断了橡胶原料的生产，这种三叶橡胶树原料，此前只有亚马逊丛林才有，那里的橡胶大王们得天独厚、享有垄断定价权。于是，被称为“黑金之都”的新兴城市玛瑙斯在原始丛林中出现，成为世界瞩目的地方，商人们漂洋过海携带真金白银蜂拥而来换取橡胶，当时的奢侈与浮华足以将里约和圣保罗踩在脚下。富可敌国的橡胶大王们耗资 1000 多万美元，建造了欧式风格的玛瑙斯大剧院，吸引了众多来自欧洲的顶级剧团。然而谁也未曾料到橡胶生产的衰落竟如此之快，就像膨胀的气球，一个不怀好意的人即可将其刺破。当地导游为我们讲述了这样一件让人痛心的往事：一个英国人运用行贿手段，逃过了“对携带橡胶树种离境的禁令”，私带出 7 万克种子回国，于是马来西亚、新加坡等一些亚洲国家的橡胶生产很快就蓬勃发展起来，并在产量上远超巴西。

建于 1896 年的玛瑙斯大剧院

大河婚礼奇观

这座代表着昔日昌盛与辉煌的大剧院是玛瑙斯最耀眼的地标建筑，每一个细节都让人感到纯粹与完美：浅咖色的墙面、乳白色的线条、用精美马赛克装饰的半圆拱顶、镶嵌地面的意大利大理石以及装点门廊的英格兰铁柱，无不精致典雅、富丽堂皇，散发着浓郁的欧式风情和艺术气息；剧场内除地板是巴西硬木外，其他建筑材料及吊灯、雕饰、壁画等全部由欧洲进口；精美的穹顶、豪华的包厢、金碧辉煌的舞会大厅，让人仿佛回到了19世纪玛瑙斯的鼎盛时代。

我们的游船从支流的内格罗河驶入亚马逊河交汇处，隐约可见前方的河面上出现了黑、黄两色河水交汇的奇异景观，这就是被巴西人称为“大河婚礼”的两河交汇。船靠得越近，看得也越加清楚：左边黄色的索里莫斯河水与右侧黑色的内格罗河水相会不相融，形成了一条泾渭分明的交汇线，它们要相伴流淌十多公里后才能流入亚马逊河，奔向大西洋。导游介绍，这一地球上独一无二的奇观，主要因两条支流所含的矿物成分、酸碱度、含沙量

亚马逊河上最刺激的活动——钓食人鱼

及流速不同而致，“黄水”是上游河水冲刷泥土而形成，浑浊且富有养分；“黑水”浸泡热带雨林植物成为黑色并具有较强的酸性。在流入亚马逊河融合之前，它们始终保持着这种状态。

热带气候和丰沛的雨水使亚马逊雨林兴旺繁盛

中午，我们在印第安人的水上餐厅饱食了一餐亚马逊特色鱼宴，什么金龙鱼、银龙鱼、水果鱼，味道鲜嫩可口。饭后，印第安人带我们去钓食人鱼，小船沿着曲曲弯弯的河道千折百回，而穿行的小河不过是亚马逊上游1000多条支流中的一条，两岸密林莽莽、藤蔓丛生，不时见到冠围巨大、枝叶稀疏、枯萎殆尽的树木拦腰出水，突兀而怪谲地戳立在水光天色之间。空气中弥漫着一种特有的清香。我们的船停到了一处河域相对宽阔的地方，印第安人给我们每根鱼竿前钩挂上一小块带血的牛肉，将鱼线沉入水中不时地晃动，以吸引鱼咬食牛肉上钩。很快就真的钓上一条，别看这凶狠的家伙不过巴掌大小，却长有比剃刀还锋利的三角形牙齿和坚硬的颚骨，能轻易咬穿牛皮、木头甚至薄铁皮等硬物，一丁点血腥味就能使它们大量地集结，要是有流血的动物不幸落入它们的地盘，不出几分钟就会变成一堆白骨。据说，在食人鱼频繁出没的水域，每年都有上千头牛被吃掉。

亚马逊雨林是世界上最大的热带雨林，从安第斯山脉低坡一直延伸到巴西的大西洋海岸，覆盖了南美8个国家，其中65%的生态区在巴西。这片被称为“地球绿色之肺”的雨林，有4000亿棵树木，静卧着世界上流量最大的亚马逊河，分布着世界上最大的潘塔纳尔沼泽地，又生存着世界上最大的动植物群落，现在已知的动物和鸟类就超出了10万种，这些罕见物种在浩瀚的亚马逊雨林里过着属于自己的幸福生活。

我们在印第安向导带领下走进了雨林，这里遮天蔽日，满眼树丛和苔藓，挺拔高耸的巨树，竟高达五六十米，那些由高至低分层的树冠和乔木灌木的板状基根，我还从未见过，向导告诉我们，板状基根是帮助其维生的。我左顾右盼、提心吊胆，生怕从哪钻出条咬人的蛇虫。由于雨量充沛，加上安第斯山山脉冰雪消融带来大量流水，雨林每年大部分时间都被洪水淹没。我们呼吸的空气异常浓厚，就像巨大的猛兽湿热的鼻息，没走多远我就感到闷热潮湿、身体不适，说实话，也有几分恐惧。向导说，我们走的这点路不过是亚马逊雨林的边缘一隅，而茫茫雨林的深处则凶险蛮荒，毒蛇飞虫防不胜防，完全不是游人可去之地，有不少探险者葬身其中。经他这么一说，望着不见天日、浓郁密集、迷宫般险象丛生的雨林深处，我们不得不停下脚步，原路返回。走出亚马逊雨林，我向它投去深情的一瞥，为这片大自然最后阵地的未来，默默祈祷着……

旅行的下一站是巴西的里约热内卢，里约最著名的景点是基督山。1922年为纪念巴西独立100周年，在里约热内卢科尔科瓦多山（后称基督山）海拔700多米的悬崖峭壁上，矗立起高38米、宽28米、重达1145吨的基督像。

世界最大的基督像

这座世界上最大的基督像，两臂成一字形展开，似在为虔诚的子民们祈福，又仿佛向八方宾客挥洒博爱。我们的巴士开到半山腰时，恰逢漫天大雾，巨大的雕像在空中影影绰绰、若隐若现，我们加快了步伐、终站到基督像下时，又云开雾散，高耸云霄的耶稣露出了真容，那种神秘、圣洁和气势，实难用语言表达。里约的市民可真是福光高照，每天推开窗户、走出房门，就会看到云端中守护这座城市的救世主基督；当夜幕降临、灯光烛照，又可见一座巨大的十字架悬浮在空中，日日夜夜庇护着忠实的子民；从山顶向下俯瞰，群山起伏、云雾缭绕、怪石悬崖、流泉飞瀑，绝对是美景中的美景。

山坡上的贫民区

巴西的土地私有化，贫民将房屋建在无人管理的山上，久而久之即成规模，不同区域由各自的“帮派”管理。对贫民区与山上别墅的巨大反差，当地导游似乎见怪不怪，他对我们说：“一座城市必然饱含巨大的矛盾，拥有的层面越多，矛盾被包容得越丰富”。的确眼见为实，在其他国家因仇视而分离的事物，在里约却能够自由融合，这是一个和谐有序的社会，互不影响、彼此包容，共享一片墨绿的丛林，沐浴同一轮太阳的光辉。

瞧，大嘴鸟为什么如此傲慢、目中无人？原来它是巴西的国鸟，当然牛了！

告别里约，我们来到了与阿根廷和乌拉圭交界的伊瓜苏。这里因鸟园和伊瓜苏大瀑布而闻名于世。走出机场的第一感觉就非常有冲击力，湛蓝的天空纯净耀眼，满目的绿色青翠欲滴，飞鸟有着五颜六色的羽毛，蝴蝶有着彩虹一般的翅膀，太阳、光线、色彩，一切都那么强烈。我们游览的百鸟乐园环境深幽、青草碧树、蜂飞蝶舞、鸟语花香，园中数百种热带鸟类，竞相展示其美丽的姿态，最受游客偏爱的当然是金刚鹦鹉，因为大家都看过电影《里约大冒险》，这次能够同红绿金刚鹦鹉还有黄蓝金刚鹦鹉近距离互动，真是奇妙！这里不仅是孩子们的乐园，老年人同样乐不思蜀。

伊瓜苏大瀑布位于巴西与阿根廷交界处的伊瓜苏河上，3/4 在阿根廷境内，但从巴西一侧看去更为壮观。4—11 月雨季是最好的观赏季节，我们恰好有此运气。大瀑布每一处景点都浩瀚俊伟、气势壮观，让人迟迟不肯迈出离开的脚步，当我一步三回头地最后走到“魔鬼喉”观景台时，才顷刻明悟没有为眼前涛声如雷的惊天奇景留出充足时间：只见，数百条瀑布汇集而成的巨大幕布从几千米宽的悬崖上凌空而下，似千军万马呼啸而来，飞流在空中卷起浓浓的水雾，雾中挂着一道美丽的彩虹，湍急的水流溅起密集的水珠，撒落到我们雨衣上，被强风掀起的帽子，哪里还顾得上戴，完全被绵延数公里白色幕墙的磅礴气势和释放出雷鸣山崩的力量惊呆了！难怪 2011 年公布的“世界新七大自然奇观”，伊瓜苏大瀑布榜上有名，它的确当之无愧！

伊瓜苏大瀑布

从不同的高度、地点和方向看去，大瀑布的景观都各不相同、气象万千，在不同时段内更是千变万化、风情万种：晨曦中，飞珠溅玉、托起一轮红日；中午时分，飞瀑流泉、银光素裹；当夜幕降临，随灯光变化、大瀑布亦真亦幻、美若仙境。就像一部电影，由许许多多图案组成，我们永远也无法将其看尽。

最惊险的是乘冲锋舟穿越大瀑布，太刺激了！奔腾的飞流铺天盖地而来，仿佛要把我们击成碎末，刺耳的惊叫被大瀑布震耳欲聋的轰鸣所吞没，脑中一片空白，完全被打蒙了，这“惊心动魄”的瞬间如泰山压顶，我只能用一句话来表达，对大自然的生猛与威力充满敬意！

在巴西的奇妙感受，说不完、道不尽。没有去过的朋友，一定要到那远离尘嚣的热带天堂去走走、看看，亲身体验下这个神奇国度的独特魅力吧。

2017 年 3 月 16 日

魂牵梦萦在北极

太阳离开了南极，照亮了北极的天空，阳光回到了北极，驱走了长达4个月的黑暗。

北极归来，我的心久久收不回来，仍在那巍峨庞大的茫茫冰盖；形态各异、晶莹幽蓝的涌动海冰；水墨画般环抱大洋的群峰和趁着短暂夏季在冻原上盛开的绚丽小花中流连……那片沉寂绝美的冰冻海洋，冰舌“呲呲”的碎裂声和崩落入洋的轰鸣巨响，让每一个北极归来的游客魂牵梦萦、难以忘怀！

为北极的未来祈祷

进出北极的港口——朗伊尔宾

7月的北极迎来盛夏，24小时阳光普照。我随旅行团从巴黎乘坐包机直飞地球最北端的小城朗伊尔宾。飞机快降落时，大家迫不及待伸长脖子从窗户俯视对北极的初始印象：朗伊尔宾，三面环山、黑色的山峦被残雪、苔藓和开花植物装饰得宛若一幅色彩斑斓的画卷，而城中寥寥可数、五颜六色的房子则为画中增添了绚烂欢快的格调，呈现出一派生机盎然的夏日景观。

生命是如此矛盾，在最艰难的生存环境中，仅靠些水气与地表温暖，竟能绽放出如此绚烂的花朵。北极地区现已发现的开花植物有900余种，每当夏季来临，它们就会在短短几十天内快速完成其生长、开花、结果的生命过程。严苛的自然条件使它无法长得高大茁壮，但其贴近大地母亲，能够超凡入圣、抵抗住凛冽寒风的肆虐，在北极荒凉的瘠土上蓬勃绽放、谱写出生命的颂歌，无法看到的灵魂力量，让人顿生敬畏！

出了海关，从机场乘大巴到旅店仅需5分钟。如此弹丸之地，何以被称为“小联合国”？因为这里的2000多居民，竟来自40多个国家，城市虽小，但超市、医院、学校、银行等公共机构一应俱全。对终年看着太阳圆弧变化过日子的北极居民而言，冬至过后，太阳的圆弧渐渐扩大，一天天增长的日照，为人们的心灵点上一盏小灯，春天的脚步越来越近；夏至则是难得的祭典，每年极昼来临，小城都会举行一个欢迎太阳回归的节日，雪地摩托、徒步冰原等各种户外活动开始活跃起来。正是因为熬过了6个月暗无天日的漫漫寒冬，极地居民才会以极大的热情及感恩之心迎接一年中夏季的到来，尽情享受白昼、阳光和如风般自由的美好生活。进入北极，每名游客都兴奋不已，抓紧登邮轮前短暂停留时间走来走去、参观拍照，我直奔邮局给家人寄明信片。

朗伊尔宾是斯瓦巴尔群岛的首府，是进出北极的集结港口，码头上冷冷清清，只停靠着等待我们的“北冕号”，船长带领全体工作人员已在邮轮入口处迎接我们，艾蒂安·加西亚（Etienne Garcia）船长与每名游客握手留影，此后一周，“北冕号”就是我们250多名游客的家。

登陆贝尔松

早晨，“北冕号”邮轮停靠在贝尔松峡湾。上午，我们穿上冲锋衣、防水裤、长筒靴、救生衣，带上摄影器材等全套装备分批乘冲锋艇登陆贝尔松。

17世纪和18世纪这里是鲸的屠宰场，被称为“鲸的地狱”，捕鲸的高额利润，使20世纪30年代这里仍然是斯瓦尔巴地区唯一的白鲸处理场。虽然疯狂捕鲸年代早已久远，杀戮嗜血的“盛宴”已永远消失，但眼前堆积的那些森森白骨仍然令人倍感压抑，沿着海滩走过，不时会见到船只残骸和当年散落的捕鲸工具，这些散发着血腥味的历史遗迹，冲

久已风化散落的鲸骨，孤寂地遥望着贝尔松峡湾

淡了美丽峡湾为我带来的惊喜。

沉闷中，一股刺鼻的臭味袭来，只见七八只粗壮肥胖的海象扎堆躺着呼呼大睡，这是我第一次看见真实的海象，它们外形可不像长鼻子大象那么讨人喜爱，头部和眼睛很小，鼻子短且没有耳朵，从嘴边伸出2根长长的獠牙，看起来十分丑陋，海象的牙齿与象牙一样极具经济价值，曾被滥捕滥杀，别看它们身形壮硕，却天性胆小。探险队员要求我们与海象保持3米距离，不得打扰。它们似乎知道我们是保护者，否则怎么会被围观拍照却安然入睡呢？不知何时雨停了，远方天空出现了七色彩虹，我的心情也豁然开朗，动情地跪在地上高举双手：为这方土地终于回归了应有的平静。

与探险队长史蒂芬尼（Stephane）合影

邮轮一路向北而行，我靠在房间露台的栏杆上，凝望着万籁俱寂的北冰洋发呆：从少年时代起，我就非常享受和青翠草木、鸟语花香、蓝天白云、辽阔大海独处的那份平和与美好。中年以后，压力大了、烦恼多了，更偏爱向波涛汹涌的大海放空自己、滋养心灵。此刻，在酷寒、遥远的北冰洋上航行，看着大大小小、形状各异、泛着蓝光的海冰从深灰色的洋面漂过，倾听它们涌动的声音，整个身心都沉入到远古洪荒的静寂之中，凡尘俗事烟消云散，感到一种从未有过的祥和……人过花甲，应保有一颗明智豁达之心，放弃该放弃的，享受该享受的，内心的平静是最大的幸福。如果不是几只燕鸥呼叫着从眼前飞过，把我的思绪拉回来，真不知要沉醉呆坐到何时。虽被燕鸥惊扰，我挚爱的目光却追随着它们翱翔，它们可不是一般的鸟，探险队员在讲座中说过，燕鸥是候鸟中迁徙距离最远的飞行冠军，每年飞行40000多千米，夏季在北极圈繁衍后代，冬季则飞越赤道，绕半个地球在南极圈过冬，寿命可达20年以上，其飞行耐力实在不可思议。

惊心动魄的一天

早晨，没等从床上爬起来，广播里就响起艾蒂安船长兴奋的声音，邮轮已穿越了北纬81°13′，在邮轮前方发现一只北极熊，邮轮已暂停在最佳位置，请大家穿戴好迅速到甲板上观看拍照。不到五分钟，大家就举着望远镜和各种摄影器材聚集到甲板上，对前方浮冰上一只悠然漫步的北极熊一阵“咔咔”抓拍，生怕它会离开。探险队的北极熊专家告诉我们，这只北极熊大约三岁，是雌性。对一游客“重达半吨的北极熊为什么能在易碎冰面上行走自如”的疑问，他介绍说：“北极熊是海洋食肉动物，最善于在险象丛生的冰面上活动、栖息，它伸展出的四肢和硕大熊掌可以有效分散自身重量，必要时甚至会将腹部贴在冰面上、用爪子匍匐前行，即便冰面坍塌，也能轻松游走。千百年来，它们以北极霸主雄姿统治着这方冰雪天地”，令人伤感的是，随着北极冰川持续消融，北极熊的生存愈发艰难，最终难逃在地球上灭绝的命运。听说，有的旅行团千里迢迢来到北极，却没有看到北极熊，这是多么遗憾沮丧之事！我们每个游客脸上都挂着心满意足的笑容，虽然不过是远远地观望，但也总算看到了。

乌云笼罩下的摩纳哥冰川泛出亘古的蓝色，这是完全不同的世界，它恒久的寂寥，让人感受到宇宙的气氛。

上午，“北冕号”驶入并停在 Leifdefjord 峡湾，雄伟壮丽的摩纳哥冰川和右侧毗邻的艾玛冰川跃然眼前，这两座形成于5000年前的冰川闪烁着蓝色光芒，气势庞大、威严壮美。瞬间，我竟迷失了自己，不知身在何处，顾不得赞美，忘记了拍照，只是泪眼蒙眬地凝望着：它如此纯净、又如此冷酷，孤零零地伫立在地球最北端……人类一万年文明史，相对于地球的45亿年生命史不过是短短一瞬，眼前这从未被人类改造过的世界，让我们看到了地球原初的样子，生命的尊严和自然的伟大，在这里找到最深刻的证明。突然，身旁一斯文老哥不经意的蚊子声："念海天之悠悠，独黯然而心起"，把我从恍惚中惊醒，定定神、匆忙举起相机，将眼前亿万年神韵雕刻的绝美风光拍下来，与大家分享。

午后，激动人心的时刻终于到来，我们分批乘冲锋舟对两座冰川进行环游，为便于大家观赏拍照并避免停靠过近而触碰隐没在洋面下的冰山，冲锋舟在摩纳哥冰川几公里外就关掉了引擎。

这是一个何其壮美而脆弱的世界，真怕有一天，人类再也见不到北极晶莹剔透的蓝冰了！

斯瓦尔巴德冰川之王的摩纳哥冰川被两座巍峨秀美的山峰环抱着，庞大的冰幕像一堵将山峰与大洋隔开的蓝色冰墙，墙中矗立着王冠般起伏的山峦，气势浩大、巍峨壮观；高耸入云的凌厉山峰残雪如画，延绵6公里、高达30—60米的蓝色冰幕在雾气缭绕中宛如仙境，山峰、冰川与洋面亦真亦幻的倒影叠加融合，美得惊人，绝对震撼！从远处观赏，蓝色的冰幕晶莹剔透、幽幽蓝光极尽诱惑，近看则会发现，冰幕中混有少许深浅不一的黑冰，探险队员说，这是夏季融冰带来的山体尘埃及飘落的黑色火山灰凝结到冰块所致。他告诉我们："冰块越蓝越透明，冰龄就越久远，有些甚至可达万年以上。"突然，摩纳哥冰川上传来一阵"呲呲"裂冰的声音，还没等我们回过神来，一大块巨冰发出震耳欲聋的轰鸣声落入北冰洋，洋面随之起伏，我们的小艇被波浪轻轻托举起来，速度之快竟然来不及举起相机，虽然未能拍下，但能够目睹摩纳哥冰川裂冰崩塌、入洋的全过程，见证了大自然的神奇和威力，已乃人生之万幸！

茫茫大洋中的小舟，仿佛在驶入另一个星球

这可是北冰洋，棒不棒？

但美好往往伴随着凶险，驶回邮轮的途中，天越来越暗、浮冰越来越多，浪愈发汹涌，我们的船像浩瀚大洋中一叶孤舟，不时被涌来的波浪抛起抛落，如同在迪士尼坐过山车一般惊险刺激，冲锋舟颠簸晃动得非常厉害，我死死抓住屁股边上的绳索，如果抓不紧被颠到北冰洋里，不出5分钟就会像泰坦尼克号落水乘客那样被窒息冻死。冲锋舟开足马力与环绕的浮冰碰撞着、吃力地缓缓前行，耳旁都是碰撞及浮冰被碾碎的声音，在距离邮轮200米处，船熄火了，我们被困在了世界上最危险海洋的浮冰中，身处险情，却无人言语，死寂中唯有对大自然的惊叹和敬畏！

回到邮轮，我顾不得回房间换掉冲锋衣，立刻来到甲板上，邮轮很快就要起锚离开，我要再看看眼前雾气笼罩中如梦似幻的冰冻世界，看看那美得让人失神的蓝色冰幕和天色合一、山峦起伏、冰川绵延的洋面倒影；看看北冰洋铺天盖地、形如云朵的浮冰；当然最令我心醉的还是那些宛如雕塑般迷人的幽幽蓝冰，它无尽的魅惑，足以融化最冷漠的心。我要将这个星球上最撼人心魄的冷酷仙境镌刻在脑海中，让大自然最神奇、壮观的盛典，陪伴我度过充实而美好的余生。

走进新奥尔松

清晨，拉开紧闭的加厚窗帘（极昼无黑夜），发现我们的邮轮已抛锚停泊在新奥尔松，不大的小镇散落着60多栋色彩夺目的简易房屋，风格有如朗伊尔宾，大部分是科考站。新奥尔松是地球上有人类居住的最北部地区，位于北纬78°55′、东经11°56′，面积300多平方公里，不到半个小时就可以将小镇走完，这里是北极科考的大本营。目前，有10个国家在这里设立了极地研究站，包括中国2004年建立的北极科考站——黄河站。挪威政府将这里规划发展成科学研究区域。

下了邮轮，我首先找到黄河科考站，在由2个石狮守卫、酱红色房子绿色门的“中国北极黄河科考站”标牌旁拍照留念。站长向我们介绍，这里的科考人员都是短期的，由相关科研单位申请获批后轮流过来。对游客提出“在冰冻荒原能否吃上蔬菜水果”，站长“为避免环境污染，挪威政府对新奥尔松实施了严格的管理，不仅严禁非正式科考人员留宿，也不得自行开伙，统一由挪威国有王湾公司负责对各国考察站提供食宿等后勤保障”的回答获得了大家首肯。

冰雪覆盖下的国王冰川，不再是我们想象中的冰清玉洁了

一周的北极之旅，我们最大的感受不仅有跨越了世界尽头的激动与豪迈以及对冷酷仙境的赞美和怀念，更为亲眼见证了环境恶化导致海冰融化减少而忧思绵绵。探险队员告诉我们：冬季北极酷寒平稳，空中悬浮的云团和从南部上空飘移过来的二氧化碳及农药、烟尘等污染物融成的污染物，持续笼罩在北极上空，落向寂静的白雪，北冰洋的海冰正以每年减少11%的速度快速萎缩。科学家们预测，一个无冰川的北极将于2050—2060年出现在人类面前。到那时，北极能源的开采及新航线开通带来的便捷和好处，将无法抵御全球气候改变带来的灾难，人们面临热浪、干旱与飓风洪水的袭击，在海平面上升的威胁面前，所有国家都是脆弱的。人类破坏了地球的气候和生态，最终将自食恶果，成为见证自己文明灭亡的短命物种。每想至此，梦幻北极带来的好心情即一扫而空。

离开黄河科考站，我赶到邮局寄明信片，有趣的是这个“邮局”没有工作人员，巴掌大的空间只有窗台上放的“斯皮茨卑尔根”及“北纬80度”的邮戳谁用谁盖，邮票则在小镇唯一的“小卖部”购买，我盖完两个邮戳又一溜小跑到黄河站盖上“中国北极黄河科考站”印章，才终于松口气地投入邮筒；剩余时间，留给了第一个到达南极点及乘单桅船第一次通过西北航道，发现北磁极的挪威探险家罗尔德·阿蒙森，他面向北极点方向，我站在他冷峻孤寂的雕像前凝目许久，作为挪威人，也许阿蒙森为没有成为第一个到达北极点的人而不甘，这一桂冠被美国人皮尔里摘取，想起他“从来没有人曾如我这般，站在一个与他希望的目标如此截然相反的地方”的话语，不禁发出沉沉的叹息……眼前又出现了贝尔松“鲸屠宰场”堆积的森森白骨，在那个狂热征服自然的时代，探险家发现了沉寂万年的冰冻世界，也惊扰了这个世界，从那时起，北极的冰川已开始融化，而现在则变得更加紧迫和令人绝望起来。

与第一个到达南极点的伟大探险家阿蒙森雕像合影

在北极的每一次登陆或巡游，每一次新的发现和体验，都美好得令人战栗。现在，就要离开“世界尽头”的岛屿和海洋了，面对正在分崩离析的冰雪世界，我百感交集、万般不舍！流下惜别的眼泪……不久的将来，这个晶莹奇幻的白色王国就要从地球上消失了，而此生竟能与其相逢和告别，是多么幸运！又何其悲哀！

我将“北冕号”艾蒂安·加西亚船长为我们出具的“7月30日抵达北纬81度13分的证明”摆放床头，就像翻开旧相册一样，可以倾听遥远的回忆，在美好的回忆中，思考对北极冰川的消融还应该做些什么？我相信，从北极归来的每一个极友，都难忘来自北极的幽蓝呼唤，心甘情愿成为它的爱心使者和代言人，为保护地球最后一片纯净，从小事做起，从自身做起，践行低碳生活，肩负起“地球公民”责无旁贷的环保责任，让更多的子孙后代能够目睹到地球上最纯净壮美的冰河风光。

2016年9月3日

探寻古埃及文明

埃及，人神共居的国度，尼罗河赐给人类的厚礼

探寻古埃及文明，不仅对金字塔、帝王谷和卢克索神庙万般神往，对体验撒哈拉的茫茫沙海、强烈飓风和滚滚热浪也同样充满期待，它魔力般的名字吸引着世界各方探险者去挑战和征服。虽然埃及的卫生环境较差，但游客们依然漂洋过海、兴致盎然，因为这里是古埃及五千年灿烂文明的圣地；拥有世界上面积最大、生存条件最为严酷的撒哈拉沙漠，自然备受追捧。

人类文明的绝唱——金字塔

埃及谚语：人类惧怕时间，时间惧怕金字塔

世界古代七大奇观有两个在埃及，名列之首的是吉萨金字塔群，由胡夫金字塔、哈夫拉金字塔和门卡乌拉金字塔以及谜一般的狮身人面像组成的巍巍墓葬群，在沙漠中显示出一种非凡间所有的气势和景观，让人敬畏油然而生。古埃及王朝的法老们都把自己的陵墓建在首都孟菲斯西面沙漠中，他们相信：太阳从西方陨落时会把自己带走而获得永生，而陵墓是通往永生世界不朽的大门。所以，每一位法老都为建造自己的坟墓耗尽精力。

埃及境内已发现的80多座金字塔中，吉萨高地的祖孙三代金字塔是保存最完好的金字塔，修建于古王国时期第四王朝，已有近4600年历史。远远望去，一种蛮荒的粗糙迎面而来，看似无印象中高耸巍峨，走到金字塔基部，却泰山压顶般感叹自己竟如蚂蚁般渺小，那些砌起金字塔的石块每个都比人高，巨石之间缝隙小到连一张纸都插不进，真是“缝不夹纸”眼见为实。更不可思议的是，最大的胡夫金字塔四个斜面正对着东南西北四个方向，据说误差接近零度。史料记载，公元前2650年完成的胡夫大金字塔，在建工程20年、每年用工10万人，塔高136.5米、体积260万立方米，由230万块每块重达2.5吨的石块砌成。在尚无发明铁器和机械技术的古埃及时代，工匠们是如何切割打磨并将石

块砌到金字塔顶的呢？在科学技术高度发达的今天，也绝非轻而易举之事。

64 岁——终于实现了在吉萨金字塔前骑骆驼的心愿

走进胡夫金字塔的入口，我们顺上坡甬道来到距地面 8 米高的回廊，这里通往胡夫法老的墓室，昏暗的灯光下，人影绰绰、忽明忽暗投映在石壁上，憋屈、诡异的气氛让人不由得加快脚步。墓室内存放胡夫木乃伊的花岗岩石棺空无一物，法老木乃伊真身到底在何处？至今无人知晓。历史上一批又一批考古学家们都试图揭开这一谜底，被称为“金字塔漫游者”的机器人和各种先进技术设备都用上了，谜底不仅未予揭开，倒滋生出“金字塔系外星人建造”的新说法，法国考古学家戈迪奥声称找到了伊西斯女王的雕像，基座上有这样的题字：“法老和整个埃及将自己和神殿奉献给来自其他星球的伟大建筑师。地球从我们的金字塔向天狼星的黑屋送去对上天的问候，而且我们对你们这些远道来的足智多谋的人表示热烈欢迎。”使千古之谜的胡夫金字塔倍添鬼魅、谜团重重。

哈夫拉金字塔旁的狮身人面像是吉萨高地上又一超然世外的奇迹。雕刻家按照哈夫拉的相貌特征，雕凿了这座高 20 米、长约 50 米的狮身人面像——斯芬克斯。4500 年来，这个纪念碑式的建筑无时无刻不饱受风沙的侵蚀，其鼻子、胡须及额头的蛇形标志已风化毁损，但仍不失当年的雄风和威严，以其亘古不变的安然、静观人世间沧海桑田的变迁，忠实地守护着吉萨金字塔群。

狮身人面像——斯芬克斯

哈夫拉是胡夫的儿子，他的金字塔比胡夫金字塔矮 3 米，但其附属建筑——在整块岩石上雕成的狮身人面像——却格外壮观。这块 57 米长的巨石又是如何运载到沙漠上来的呢？为世间留下了又一个尚待破解的谜题。

法老迎接太阳的地方——卡纳克神庙

古埃及名言："底比斯，你将变成沙土，只有石头会为你说话。"

荷马史诗中"百门之都"底比斯，就是现在的卢克索。底比斯兴建于中王国第十一王朝时期，到新王国第十八王朝进入鼎盛时期。

据说，当时的底比斯人烟稠密、神庙万千，光城门就有一百多座，是世界最大的城市。而今的卢克索仍不失为世界最大的露天博物馆，绿光莹莹的尼罗河穿城而过。由于古埃及人笃信生命同太阳一样，从东方升起，西方落下，所以，河的东岸是郁郁葱葱、充满生命活力的城区；西岸是死气沉沉的暗褐色沙漠，是法老、王后和贵族的陵墓区，"活人的城区"与"死者之城"隔河相望。古埃及新王朝崇拜太阳神的圣地——卡纳克神庙，就位于尼罗河东岸、卢克索的北部。历经3900多年岁月涤荡，眼前的神庙遗迹已远不如昔，但尚存部分，仍相当震撼！可以想象，当年的卡纳克神庙是多么气势宏大、雄伟壮观！即便再过千年万代，这座跨越时空的神庙也不会失去炫目的光彩，就像尼罗河上不落的太阳。卡纳克神庙从胡夫法老时代就开始兴建，直到新王朝拉美西斯二世时代才完成，参与建造这座神庙的法老竟有50多位，整个工程延续了近2000年，是空前绝后的人类建筑杰作。

宏伟的多柱厅

圆柱上雕刻精美的浮雕和象形文字向人们述说着古埃及辉煌的过去。

进入神庙的神道，是一条两边拱立着羊面狮身的公羊大道，羊头代表太阳神阿蒙，狮子象征威严、力量和王权，两者合一，标志着神明的最高权力。我不禁诧异，为什么法老不将他们头像雕刻在狮身上呢？导游告诉我们：卡纳克神庙是献给太阳神阿蒙的，阿蒙神最青睐的动物就是羊，在古埃及，人们只接受阿蒙神授权的法老作为国家的统治者。于是，法老们就做了这样的变通，将自己的形象雕刻在公羊脖子下面与狮子的两个前爪之间，来接受神的庇佑。

第十九王朝第三位法老拉美西斯二世石雕

拉美西斯二世是古埃及历代法老中最为闪耀的一位。他在位超过60年，不光在军事上屡战屡胜，还最终完成了卡纳克神庙、卢克索神庙等古埃及最为壮观的建筑瑰宝，他征服了赫梯和利比亚，为古埃及带来了活力与繁荣。

通过公羊大道，宏伟的城门两侧矗立着拉美西斯二世八米高的石雕，他的两腿之间刻着王后纳菲尔塔莉的雕像，我第一次见到如此创意的雕像，头顶赤日欣赏良久；同样让人兴奋的还有气势恢宏的多柱厅，几千年过去了，厅内的134根巨柱依然高耸巍峨，一根也没有倾斜和倒塌，置身之中不禁感叹，人的生命实在是太短暂了。在16排石柱中，中央过道的12根高达21米、直径3.4米，直入天际，承托着重达65吨的大梁，支撑着

第二十王朝第三位法老拉美西斯四世浮雕，在位时间仅6年

古埃及5000年灿烂文明；令人目不暇接、流连忘返的是那些刻在石柱、墙壁和神像基座中的浮雕及象形文字，有拉美西斯二世征战叙利亚场景，与赫梯国王哈图西里三世签署《银版合约》的内容，有帝王携带贡品供奉底比斯的诸神，还有关于加冕礼和帆船游行列队的画面，这些连环画般的图文，诉说着古埃及遥远而辉煌的过去。

女法老哈特谢普苏特为太阳神阿蒙树立的方尖碑

哈特谢普苏特花了7个月的时间从阿斯旺采下石料，制成两座全埃及最大最高的方尖碑（高30米、重3230吨，用整块花岗岩雕成），献给太阳神阿蒙，并在碑上刻下铭文称自己为阿蒙神的女儿和儿子，以此证明自己承继大统的合法性。22年后，被女王废黜的图特莫斯三世重新夺回了王位，在全国范围内将女王的建筑和雕像统统毁掉，但图特莫斯三世没有推倒女王在卡纳克建造的两座方尖碑，而是砌起高墙将它们遮挡起来。后来高墙倒了，人们发现，女王的方尖碑由于漫长岁月中被遮挡着，几乎完好无损，它像一柄长剑直刺苍穹，其不可阻挡的气势，令人印象深刻、过目不忘。

献给阿蒙神的卢克索神庙

卢克索神庙建于公元前14世纪，主要由阿门霍尔普三世和拉美西斯二世建造完成。神庙门前是拉美西斯二世两尊14米高的坐像和一尊立像；门前原初有2座方尖碑，如今右侧的方尖碑于1833年运往巴黎，竖立在巴黎协和广场上；拉美西斯二世修建的塔门高65米，墙面饰有浅浮雕群，再现了拉美西斯二世与赫梯作战的场面。

矗立在尼罗河西岸和帝王谷之间原野上的两座岩石巨像，是法老阿蒙荷太普三世神殿前的雕像，因风化毁损严重，面部已不可辨识。罗马统治时期的地震使雕像出现了裂痕，每逢刮风之时，石像就发出悠扬婉转的声音，就像唱歌，十分神奇。经过修补之后，门农巨像就再也没有唱过歌。

在见证尼罗河3000年沧海桑田的门农巨像中穿行

无法湮没的奇迹——帝王谷

埃及除蜚名世界的金字塔和卢克索神庙外，还有一处游客向往之地，那就是与卢克索隔河相望，古埃及新王国时期安葬法老王的风水宝地——帝王谷。

帝王谷坐落于古埃及都城底比斯西麓一片荒无人烟的石灰岩山谷中，这个隐藏在沙漠嶙峋岩石中的光秃山谷神奇又可怕：白天，火辣辣的太阳直直地射向你，周边不是黄沙，就是岩石，不见一棵树、一根草；晚上，黑暗山谷狂风呼啸、让人不寒而栗、毛骨悚然……虽然法老们在墓穴墙上刻下了咒语，却挡不住蜂拥而至的盗墓贼，也抵御不了头顶烈日、踏着烫脚的流沙在荒如月球的帝王谷猎奇探觅的旅人大军。以我来说，被烈日烤得几近窒息、晕倒地上，仍兴致未尽、计划着下次游历埃及，到帝王谷多看几个法老墓穴，在卢克索待上几天、细细观赏卡纳克神庙和卢克索神庙在日出、日落时分不同的景观，体验下穿越几千年时光走进法老时代的奇幻感觉，相对古埃及文明的痴迷，烈日酷暑自然不在话下。

尼罗河西岸的帝王谷

帝王谷埋葬着从第十七至二十王朝期间的64位法老。最大的一座陵墓是第十九王朝沙提一世之墓，从入口到最后的墓室，水平距离210米，垂直下降的距离45米，巨大的岩石洞被挖成地下宫殿，墙壁和天花板布满壁画，装饰极其华丽，令人咋舌。

拉美西斯四世墓穴中的石棺和壁画

我们参观了第二十王朝第三位法老拉美西斯四世的墓穴，走下陡峭的楼梯和坡道，两侧墙壁上是描述拉美西斯四世与鹰头人身的太阳神荷鲁斯和羊头人身的造物主库姆等神灵在一起的精美壁画及象形文字；通过宽广的前厅，就是法老墓室，里面空荡无物，仅有一具刻着法老与神灵共处图案和象形文字的石棺，上面新奇的文字符号就像荒漠嘴唇上的封印，保守着永恒的秘密，最耀眼夺目的蓝色天花板及壁画依然金碧辉煌、华彩夺目。为保护墓穴，帝王谷内严禁拍照，我眼见一个外国人因偷拍壁画被保安带走，按规定应被罚款1000美元。目前，世人所见的墓穴图片，据说是一位乌克兰摄影师经埃及官方允许，入内拍照并公之于众的，天知道，这些3000多年前鲜为人知的壁画有多么珍贵！

镌刻在生命里的奇迹——撒哈拉大沙漠

金字塔、帝王谷和卡纳克神庙赤焰烈日的煎熬，使我们消耗不少体力，在巴士上不是睡觉就是发呆，话也懒得说，但在红海之滨赫尔格达度过温馨惬意的一日两晚，旅途疲劳被一扫而光，我们12名游客急不可耐地奔向撒哈拉大沙漠。虽然我右腿膝盖在赫尔格达酒店游泳池边滑倒摔肿了，走路一瘸一拐，却仍不减对穿越撒哈拉大沙漠的兴奋。还在少年时代，盛唐大诗人岑参对沙漠："穷荒绝漠鸟不飞，万碛千山梦犹懒"的描述，就让我滋生了去沙漠探险的想法；而传奇女作家三毛在沙漠生活的所见所闻、艰辛与浪漫，更令我着迷。其笔下："无际的黄沙上有寂寞的大风呜咽地吹过，天，是高的，地，是沉厚而安静的。正是黄昏，落日将沙漠染成鲜红的血色，凄艳恐怖"的沙漠风光和书中一篇篇奇特感人的故事，深深吸引着我，终于成就此行。

走进撒哈拉沙漠，一幅由阳光、沙漠、寂寥构成的炽热画面，给人最初印象是揪心的，无法同其他自然风光相比：似火的热风铺天盖地席卷过来，令人几近窒息，视野内茫茫沙海一望无垠，清一色漫漫黄沙堆砌成的沙丘连绵起伏、弯如新月，不断地绵延开去。在这片热浪袭人、寸草不生的广袤大地上，除了黄沙，再见不到任何沙外之物，有时从车窗中发现前方沙海中有一黑点在慢慢变大，好奇中驶过一看，原来是废弃的轮胎。我们的小巴士也在途中爆胎了，司机换轮胎工具不全，少了一个扳手，车子停在路边一个多小时，才拦截下一辆大货车，在这光秃秃一如天地洪荒的地方，如若再耗上半天不见车影，带的水也不足，恐惧和绝望就会吞噬了你，浩瀚大漠，人类渺小得如同一颗沙粒。非常幸运，一辆大货车停下来了，向我们伸出了援手，我终于松了口气，挪动着肿着膝盖的右腿下车伸伸筋骨，由于站不稳又仰面倒在沙地上动不得，高温热沙烫得我大叫起来，太刺激了！

在撒哈拉滚滚热浪和贫瘠沙海中，如能看见一棵树、几株草，都会绝处逢生般格外惊喜，当我透过车窗看见沙海中有几株柽柳时，就真切感受到这种难觅的惊喜。柽柳以自己顽强的生命力，将根深深地扎在沙土之中，在上苍遗弃的沉寂荒漠谱写出了生命的颂歌。望着无垠的漠漠黄沙，我不禁沉思，三毛不也是这样的吗？这位大漠侠女以极大勇气和灵明智慧生活在沙漠里，撒哈拉给予她无穷的灵感和创作资源，在漫天黄沙中，她将卓越才华和可望而不可即的浪漫发挥到极致。我赞美三毛："她犹如开在沙漠里的繁花，到处绽放美丽，将生命高高举在尘俗之上，让那份浓浓的爱流淌在沙漠里"。

43 年过去了，眼前的撒哈拉依旧是被现代文明遗弃的不毛之地，凝望沙漠边缘星星点点散落的破旧窝棚、瘦弱不堪的羊群和衣着破旧的牧羊人，心里沉甸甸的，在他们的世界里只有一个概念，“活下去”，任何生存外的奢求都是虚妄之想。我不胜感慨，生活给予我们的已经太多、太多！要知足、去珍惜，当是此行最大的感悟。

2016 年 7 月 16 日

荟萃东西方文明精华的伊斯坦布尔

美景之美，在其忧伤

——阿麦特·拉希姆

要了解和游历一个国家，应首先从浏览地图开始。在亚洲版图西部，一个三面环海的长形半岛就是土耳其，而伊斯坦布尔则位于土耳其的西北部，横跨博斯普鲁斯海峡两岸，是世界上唯一连接欧亚两大洲的交通要道，2500年以来，东西方文明精华都曾在这里驻足和尽情挥洒，灿烂的拜占庭文化在世界文明舞台闪耀了千年之久。可见，我们短短一天的游览不过是蜻蜓点水。

气势苍茫、鬼斧神工的圣索菲亚大教堂，四根高耸的宣礼塔陪衬在圆顶四方，感觉仿佛靠近了神所在的地方。伟大的建筑需要用心灵去仰视，任何语言描述和影像都不足以表达它慑人的气势及难以言明的神圣力量，这或是建筑的魅力，是人们对历史的一种追加式缅怀。

圣索菲亚博物馆位于苏丹阿赫梅特广场西面，是拜占庭和伊斯兰文明的光辉典范及帝国象征。这座平面采用十字架和巨型圆顶的基督教堂比对面的蓝色清真寺要早1300多年，是君士坦丁大帝在公元335年初建的，527年的一场暴乱使这座木质结构教堂被大火焚毁；继位不久的查士丁尼大帝用5年时间重建了基督教世界最宏伟的希腊式十字形教堂，作为罗马帝国权力永恒的象征；1453年被奥斯曼帝国占领后，穆罕穆德二世将教堂改建为清真寺，伊斯兰图案覆盖了东正教镶嵌画，又修建了4座宣礼塔，增添了伊斯兰建筑风格。值得庆幸的是，伊斯兰世界最伟大的建筑师锡南在改建大教堂过程中做了件名垂千古的事情，他没有将拜占庭时期由金箔镶嵌的镶嵌画清除掉，而在其表面刷了一层石灰涂料，隐藏在石灰浆下的拜占庭艺术瑰宝得以完整地保存下来；土耳其共和国成立后，清真寺改为博物馆，被遮盖了四百多年的拜占庭镶嵌壁画终见天日，耶稣、圣母、圣彼得在马赛克七彩石片中幽光斑斓、熠熠生辉，让人不禁想起辉煌悲壮的拜占庭帝国和拒绝投降、战斗到最后一刻的君士坦丁十一世，而不胜欷觑……

穹顶下方《圣母子》马赛克镶嵌壁画和高悬两侧的伊斯兰黑底金字大圆盘，这一东西两大宗教共融生辉的奇特景观，是金碧辉煌大殿予人最深刻的印象。

当年攻下君士坦丁堡的年轻苏丹穆罕默德二世自认为不仅是穆斯林统治者，还是罗马帝国的继承人。因此，他更热衷于重建一个多元文化的世界帝国，而不是让全世界都皈依伊斯兰教。

博物馆有两层建筑，巨大的圆顶由底部环形排列的拱形窗户和两侧墙上拱形建筑以及一层的立柱、边墙来支撑，这种逐步减少承重的构思极为巧妙；仰头望去，穹顶上的十字架图案和伊斯兰的花纹图案将东西方文明精粹珠联璧合，两教图腾合于一寺的架构，着实让人耳目一新、由衷赞叹！大厅内高悬的六瓣花形吊灯，造型华美但不累赘，灯光明亮却不刺眼，柔柔的暖光与金色的内墙，为整个空间增添了圣洁、神秘之感；正上方是马赛克镶嵌画《圣母子》，怀抱耶稣的圣母头顶金色光环、慈祥圣洁、俯视着满目虔诚的人群；左右两侧黑底金字的圆牌望之触目，尤显威严，据说圆盘上龙飞凤舞的金字是奥斯曼一位著名书法家的杰作，一个写着真主“阿拉”，另一个写着先知“穆罕默德”；彩色窗户下方的“米哈拉布”祭台面向伊斯兰教四大圣城之一的麦加克尔白，其两侧摆放着巨大的蜡烛，是苏莱曼一世征战匈牙利带回的战利品。

圣索菲亚大教堂见证了这座城市的风云动荡——地震、动乱、火灾、围攻和征服，它的历史充满了传奇。

伊斯坦布尔有大大小小四百多座清真寺，最负盛名的是蓝色清真寺，那极具魅惑的名字就足以吸引来自世界各地的游客。

落日余晖下的蓝色清真寺

穆斯林的祈祷每天五次，宣礼塔传出咏唱的经文，引领全城信徒匍匐跪拜。

蓝色清真寺的建造是 17 世纪最重要的文化事件，它确实名副其实、独一无二，是建筑史上的顶级之作。步入清真寺，它的神圣和庄严就一览无余地展示面前：墙壁上白底蓝彩釉饰面的依兹尼克彩瓷上郁金香、康乃馨和小雏菊栩栩如生，仿佛闻得到它们飘散出来的清香，给人带来一种安魂定心的奇妙感觉，它代表了 16 世纪奥斯曼瓷砖艺术的顶峰；圆顶下 260 个彩色玻璃窗主色调也为蓝色，阳光从彩色的窗户照射进来，投下迷离缥缈的光线，将整个大殿笼罩在圣洁而神秘的氛围中；红色的地毯华美气派，细细看去，上面织有石榴花、郁金香、玫瑰、葡萄等土耳其传统图案，精致而温馨；穹顶立柱用珍珠母和蓝底金字的书法来镶嵌装饰，令这座清真寺更具宗教特色及民族风情。最令人称奇的是，整座建筑由大理石叠建而成，没有使用一根钉子，400 年间历经数次地震却安然无恙，不愧为奥斯曼帝国时代建筑艺术的辉煌杰作，其设计师——锡南的学生阿合迈特果然青出于蓝而胜于蓝。

我们运气不错，赶上了阳光明媚的好天气，看到了寺内金光灿灿、蓝光熠熠、金蓝交织的独特景观，任何一位游客，不论他来自何方，也无论他有什么样的宗教信仰及文化偏好，只要站到恢宏的穹顶下，都无法避免心灵上的震撼和虔诚，我想，这或许就是穆罕穆德一世苏丹建造蓝色清真寺的初衷吧。站在远处观望，清真寺顶端蓝色大圆顶周围有四个小圆顶，下方还环绕着 30 个更小的圆顶，这些大小不一、层次分明的蓝顶层层升高、向中央大穹顶聚拢，在 6 座宣礼塔衬托下，庄严巍峨、雄伟壮观。

我裤脚窄，套上清真寺提供的灰裙子才可入内

从飞机窗户往下看，夜色中的博斯普鲁斯海峡灯火辉煌，像一片光的海，两座长达千米的网索吊桥像两条金色的天桥雄踞在波光粼粼的海面上。海峡西岸属欧洲，东面则属亚洲，大桥正中醒目地画着一条白线，这便是欧亚两洲分界的标志，它们靠得如此之近，仿佛零距离。

伊斯坦布尔风云变幻的历史，使它成为世界上最具活力的城市之一。在这里，自然风光与历史古迹相映生辉，过去与现在，如此鲜明地并存着。交替更迭的古老情怀，俯首可得的自然美景，让每一丝空气都满载着浪漫因子。生活的意义本应如此，只有懂得放慢脚步，才能用心来欣赏纯粹的美丽。

我漫无目的地在苏丹·艾哈迈德广场漫步，一位拉中提琴的街头艺人吸引了我的目光，他旁若无人，沉浸在自己的音乐中，一双神情忧郁的眼睛似乎隐藏着很多故事，稀疏灰白的长发伴随着摄人魂魄的忧伤的音符随风飘荡，我身不由己地向他走去，思绪不知飘向了何方。当我被面露不悦的导游惊醒，才匆匆往音乐家身旁盒子里放下 5 美元匆匆离去。很长一段时间，那位街头艺人冷漠高贵的神情都会在脑中闪现，使我想起雪莱的诗句：

与纯真可爱的孩子们在一起

你可忘记了过去?
它可颇有些幽灵,
会出来替它复仇!

“怀旧”是一种文化,是为了召回一种精神价值。意大利历史学家克罗齐说过:“所有的历史都是当代史”,都能为今人所用。从这个意义上讲,唯有人的记忆和情感、民族的记忆和情感,是可以延续和重复的,而“怀旧”旨在积聚能量、提振精神,再造历史。

2016 年 6 月 26 日

让梦与理想自由飞翔
——在文艺复兴的艺术海洋中徜徉

人类的精神有一个顶峰，
这顶峰便是理想。
上帝从这顶峰走下来，人类走上去。

——维克多·雨果

从地图上看，位于欧洲南部的意大利，主要由亚平宁半岛以及地中海中的西西里岛和撒丁岛组成。但意大利的魅力绝不仅仅在于地中海迷人的风光和怡人气候，而是文艺复兴璀璨的文化。水温到达100℃，就不能再升高，但丁、彼特拉克、米开朗琪罗……那一个个立于文艺复兴之巅的巨人，就是100℃的天才，他们携带着巨大的能量、穿透浮云，把人类的文明和精神生活推到了极限，闪耀着永恒的光辉。

永恒之城——罗马

罗马是政治中心、天主教圣地，古罗马神圣帝国的首都，这座凝聚着所有辉煌与荣耀的古老城市，到处弥漫着历史与现代的气息，老城居北，遍布历史文化古迹；新城居南，现代市政和摩天大楼交错林立，古朴沧桑与时尚新奇并立，最让我着迷的，还是深深扎根于这座城市随心所欲地生活及崇尚自由、不懈探索的文艺复兴精神，这才是罗马历久弥新的魅力所在。

我们第一个参观的就是世界五大教堂之首的“圣彼得大教堂”，大教堂由古罗马大帝君士坦丁一世为纪念耶稣最忠诚的门徒圣彼得，于公元326年初建，16世纪初开启了重建工程，17世纪末落成。这座世界天主教中心呈中央大圆顶下“拉丁十字形”传统形制，其建筑延伸到可容纳50万人的椭圆形大广场，广场上排列着4行284根圆柱和88根方柱，形成了三个回廊，朝向广场一侧的140根石柱上立着由贝尔尼尼弟子们完成的圣人雕像。每逢宗教节庆或重要盛典，教宗就在广场上为民众祈福。

圣彼得大教堂

广场上等待进入教堂的队伍里三圈、外三圈，我们耐着性子，慢慢向入口靠近，当我望眼欲穿终得进入时，已顾不得欣赏富丽堂皇的大厅，直奔右侧小教堂米开朗琪罗的雕塑《哀悼基督》而去，挤过一层又一层满目虔诚的游客，真与《哀悼基督》面对面时，却又激动得呆住了，好一会儿才定下神来瞻仰：这座高 1.75 米，宽 1.68 米的石雕，是依据《圣经故事》耶稣被从十字架卸下后，圣母玛利亚抱起儿子尸体时的情景创作的。身着宽大斗篷和长袍，头披长巾的圣母把遍身伤痕的耶稣放在自己膝盖上，右手搂住儿子，左手略微摊开，紧闭的嘴唇和下巴在不断颤抖，表现出难言的痛苦，她低头俯视着儿子，那欲哭无泪的表情，给人以悲痛无泪胜有泪、伤泣无声胜有声的艺术感觉，作品的每一个细节都体现出一种摄

《哀悼基督》（1498—1500 年）

人心魄的力量。

米开朗琪罗塑造青春永驻的圣母形象，表达了人类对美好事物的最高理想。据说，格罗斯拉耶来看米开朗琪罗雕刻时惊奇地问：“告诉我，我的孩子，圣母的面貌怎么能保持得这么年轻，比她的儿子还年轻呢?”艺术家回答“主教大人，在我看来，既然圣母是纯洁崇高的化身，是神圣事物的象征，就一定能避免岁月的折磨和世事的毁损，所以她能保持青春鲜丽。”我将崇敬的目光投向玛利亚肩头肩带上“佛罗伦萨人米开朗琪罗·波纳罗蒂作”，这是米开朗琪罗作品中唯一的署名，自此，25 岁的艺术家名扬天下。

米开朗琪罗设计高达 133 米的中央圆穹顶悬浮中央，四周 16 面天窗射进来的光线迷离缥缈，宛若划破黑暗、照亮人心的天堂之光，其巧夺天工、雄浑豪放的构思，最能体现盛期文艺复兴宏伟壮丽的风格。在米开朗琪罗设计的高可齐天的穹顶下，是贝尔尼尼用 10 年时间和数百吨青铜雕制、金箔覆盖的华盖，它像一座 30 米高的锦棚花雕楼房，给人一种强烈的视觉冲击。华盖顶棚由 4 根螺旋形雕花铜柱支撑，彰显出坚不可摧的力量和宏大气势；柱上装饰着金色的葡萄枝和桂枝，小天使们攀援在枝叶之间，造型精美，栩栩如生；最为璀璨的是后墙上悬浮云雾之中重逾万斤的圣彼得大宝座，椅背上两个小天使，手持开启天国的钥匙和教皇三重冠，宝座上端是由贴金泥塑天使群像组成的光轮，他们围绕着光轮中代表圣灵的鸽子欢腾飞舞，透现窗外阳光之处，向四面放射出金色的光芒，祭台之下是圣彼得的陵墓。

贝尔尼尼为大教堂设计的青铜华盖和圣彼得大宝座，将新奇、动感、空透和华丽烘托得恰到好处，完美体现了巴洛克艺术逞奇炫幻的特质，代表着巴洛克艺术最高成就。他将罗马的永恒又延续了 400 年。

圣彼得大宝座

西斯廷礼拜堂

西斯廷礼拜堂创建于 1445 年，是历届教皇的私用经堂，以创建教皇的名字“西斯都”命名。这里是投票选举新教皇及就职仪式之地。但真正令其闻名天下的还是米开朗琪罗的屋顶画《创世纪》和壁画《最后的审判》。

1508年米开朗琪罗违心地接受了教皇朱理二世创作礼拜堂屋顶画的任务，他仰卧在矗立于天花板下的木架上，用4年时间独自完成了这幅长40米、宽14米、距地面高达20多米，包括9副主体画及343个人物的世界上最宏伟的画圈。其中《创造亚当》是最动人心弦的一幅，描写了上帝创造人类始祖亚当的宗教神话传说。米开朗琪罗笔下的上帝是一位威严慈祥的老人，他从天上飞来将手指伸向亚当，被上帝赐予灵魂的俊美少年亚当从沉睡中醒来，他双目注视上帝，脸上充满着虔诚和渴望，倘若他站立起来，健美的身躯就有了人的智慧和力量。艺术家告诉我们：人是伟大的，他们一旦觉醒就会具有无穷无尽的创造力。

《创造亚当》（1510年）

画作四周12个三角形壁龛中坐着12个神态、表情和动作各异的预言者，这些形体巨大，接近真人两倍的巨人，每一个都是人们心目中的英雄。米开朗琪罗所画的人体肌肉不仅形态美，而且仿佛为沸腾的血液所滋养，显示出正在或即将行动的气势，观赏他的画，如同欣赏一座气势浩大、激情四射的精美浮雕，正是这种形象的浮雕感和雄浑特征，才摄人心魄，成就了不朽。

1535年，教皇保罗三世不顾米开朗琪罗年事已高，要求他为西斯廷礼拜堂祭台后面的大墙绘制壁画《最后的审判》，花甲之年的米开朗琪罗被迫再次来到罗马，耗费近6年的时间，才完成了这副气势磅礴的壁画。从诗人但丁的《神曲》得到启示，描绘了救世主基督降临人间，他视人们生前善恶判其入地狱或上天堂。艺术家借此把抵制侵略、维护祖国独立的英雄人物称为善人，让他们升入天国；把出卖民族利益的叛徒视为恶人，将他们一个个打入地狱。画面惊心动魄，特别是被活活剥皮处死的圣人——殉教者圣·巴尔托洛梅奥右手拿刀，左手提着自己的人皮，而人皮上却是米开朗琪罗的头像，他扭歪的脸上，充满了痛苦、愤怒和抗议的神情，艺术家把自己画成惨遭剥皮的恐怖模样，意在表达他创作这幅画时内心的痛苦，因为他极不愿意创作这幅画。

《最后的审判》(1536—1541年)

米开朗琪罗一生都在滚滚迸发的创作激情和宗教权贵压迫的夹缝中苦苦挣扎，无法按照自己的感觉自由创作，压抑和悲痛折磨他的一生，他在名为《夜》的十四行诗中表达了自己苦闷的心情：

睡觉虽然惬意，更快活的是做块石头，

啊，在这个罪恶的，可耻的时代，

不要活着，不要觉得生命令人羡慕，

我请求你不要说话，不要把我惊扰。

我长长地叹了口气，激动而沉痛地走出西斯廷礼拜堂。

文艺复兴的摇篮——佛罗伦萨

千余年光辉岁月为佛罗伦萨留下了60多座宫殿、40多座博物馆、美术馆以及中世纪的教堂、城堡和建筑遗迹，街头巷尾精美的石雕随处可见，时光的打磨和世事风雨赋予了它们沧桑而凝重的气质，那一个个身姿俊美、目光深沉的像中人似乎具有鲜活的生命，向我们娓娓讲述着昔日的辉煌和那些久远的人和事。

走进百花之城，首先进入视野的就是矗立在市政厅广场上高达4米的米开朗琪罗《大卫》雕像，大卫的眼睛注视着前方，重心由一脚独力承担，虽然手无寸铁，却显示出身强力壮和体魄的健美，随时准备为保卫祖国而战。米开朗琪罗总是把自己的艺术作为扬善惩恶、唤起人们坚持正义，向邪恶势力进行斗争的武器，少年大卫的英雄形象寄托着艺术家满腔的爱国热情，给人以巨大的精神鼓舞，蕴蓄着永不熄灭的生命火焰，它是米开朗琪罗献给故乡佛罗伦萨的一座英雄纪念碑。

外观圣母百花大教堂

圣母百花大教堂建筑群是佛罗伦萨地标性建筑。远远望去，布鲁内莱斯奇设计的大教堂橘红色巨大圆顶格外耀眼和宏伟。这座 1296 年奠基并于 1436 年 3 月 25 日举行献堂典礼的世界第四大教堂无论从设计还是艺术特色上，都充分体现了文艺复兴新时代的蓬勃进取精神，彰显出佛罗伦萨的繁荣和艺术创造力。

圣母百花大教堂（1296—1436 年）

这座呈绝顶豪华之貌的大教堂宛如一件巨大的艺术品屹立在城中心：主教堂外墙以粉红色、绿色和奶白色的大理石以几何学配色方式调和砌成，正面是八角形状的圣乔凡尼洗礼堂，里面供奉着佛罗伦萨守护圣人乔凡尼。让人眼前一亮的是东面那扇铜门，它是佛罗伦萨精于青铜雕饰的大师吉贝尔蒂耗费 20 多年心血的杰作，大门两侧门扉上 10 副取材于圣经故事的精美浮雕及四周的雕像和饰物都极为耀眼，难怪米开朗琪罗感慨地说："这扇门富丽之极，称得上是一扇'天堂之门'了"；主教堂的右侧是闻名遐迩的乔托钟楼，钟楼高 85 米，楼外贴面与主教堂的色调一致，却显得比主教堂更加气度恢宏、身姿伟岸。

在皮蒂宫赏拉斐尔的画

《椅中圣母》
（1513—1514 年）

一直渴望直面拉斐尔"圣母绘画系列"的真迹，总算在收藏美第奇家族艺术珍品的皮蒂宫如愿了。皮蒂宫收藏的拉斐尔 11 幅作品中，最为我所爱的是《椅中圣母》和《披纱巾的少女》，我在这两幅传世名画前流连良久……

画面中，年轻优雅的圣母坐在一张为教廷显

贵而设的“议会椅”中，她身着罗马民间服装，头围花围巾，一条彩秀围巾披在身上，亲昵地抱紧儿子，低眉斜视着画外，流露出喜悦的神情；母亲怀中倍感安全的圣子，用探寻的眼神看着人们；而右侧是圣约翰，他依偎着圣母，双手合十挟着十字架杖。从饰有流苏的椅背，到圣母的披肩、面纱、镀金饰带点缀的袖口以及红色衣服、蓝色的斗篷和圣母子着装色彩搭配这些细节的精致和谐上，都表现出艺术家极高的天赋和水准。画过圣母的艺术大师很多，但拉斐尔的圣母是真正不朽的，眼前《椅中圣母》呈现出的极致之美，让人很难将惊叹赞美的目光从画中移开。

《披纱巾的少女》（1515 年）

拉斐尔对于女性之美有着独到而深厚的理解，他笔下完美的女性典范让后人难以企及。拉斐尔运用极为丰富的绘画语言和色彩表现力，塑造出眼前这位美丽动人的普通少女。她美丽的肤色、闪光的眼睛、安详而微笑的神态、头顶上那颗闪着亮光的珍珠及华贵服饰上绵密的衣褶都被画家细致入微、一丝不苟地描绘出来，少女的披巾和浅绛、银灰色调的衣裙与白皙的肌肤也交相辉映，更加衬托出少女肉体的温柔与魅力，而那只按在胸前手指展开的右手，又似乎在暗示着无法用言语来表达的感情。

1983 年是拉斐尔诞辰 500 周年，这位英年早逝的天才画家依旧令人敬仰如斯。意大利政府将《椅中圣母》复制成邮票来纪念这位杰出的艺术大师。

独居一方的灿烂——威尼斯

威尼斯由亚得里亚海所包围的 118 个小岛组成，177 条水道和 409 座桥梁将小岛连为一体，水城的一切都离不开一个“水”字，漫漫海水为城市增添了无尽魅力，一部 1500 年的兴衰史从水里向我们漂来。

文艺复兴后期，威尼斯以其可观的财富和自由吸引了欧洲最好的建筑师、艺术家和手工艺者，成为意大利文艺复兴运动的最后堡垒，孕育了威尼斯画派的乔尔乔内、提香和委罗奈斯、丁托列托等“四大名家”。也是酷爱艺术、热爱生活的游客魂牵梦绕之地，每年都有上千万游客在这座“屋如舟，舟似车”，有水即是路、有路即有水的古老城市留下新的脚印。

风情万种的圣马可广场

威尼斯就在那里，坐在海岸上，好像一个将要随着阳光消逝的美女；晚风吹拂着她散发着清香的头发；大自然用它妩媚的微笑向正在消逝的她敬礼。

——夏多布里昂

我们的威尼斯游从渡船开始，沿途饱览了古朴的14世纪建筑、华美的15世纪建筑，以及壮观的16世纪建筑，就像在观赏一座座镌刻着历史年轮、闪烁着岁月光辉的建筑博物馆。下船后步行20多分钟，就融入热闹非凡、游人如织的圣马可广场：这里是威尼斯的政治、宗教和传统节日的公共活动中心，是一年一度嘉年华的主要景地，更是威尼斯人的精神寄托。

平常的日子里，人群熙来攘往、热闹得像一座舞台，在广场徜徉总能找到自己的所爱——艺术、美食、休闲和购物。历史上文化名人卢梭、司汤达、黑塞、马克·吐温、普鲁斯特等都曾在这温馨浪漫之地留下足迹，哲学家尼采称赞“威尼斯是独一无二的地方”；海明威在《过河之林》中描绘“威尼斯奇异又惊险。从这里到那里的过程，比作填字游戏还要危险”；尚未到过威尼斯的诗人缪塞，更是凭憧憬与想象写下了诗篇《威尼斯》；拿破仑占领威尼斯共和国后，称赞圣马可广场“在整个欧洲，只有它才配称作‘广场’，它是欧洲最高雅的客厅”。他还在广场举世闻名的弗洛里安咖啡馆里又一次赞叹：“真是欧洲最美的沙龙！能够配得上她的恐怕只有天空了！”

到了威尼斯，如果不在弗洛里安咖啡馆露天咖啡座喝一杯咖啡，则是非常遗憾之事。据说歌德、瓦格纳、海明威和普鲁斯特都曾在这儿喝过咖啡，福楼拜当年坐过的椅子至今还被保留着，而担任过威尼斯法国大使馆秘书的卢梭更是每天都要来这里坐坐，这些文化伟人的惠顾对咖啡馆来说真

圣马可大教堂

是莫大的荣耀。尽管我非常想坐在这里喝杯咖啡，感受下浪漫风雅的情怀，但恼于找不到座位，又没有时间排队等候，只好将遗憾留待下次弥补了。

广场上最有名的建筑是公元829年始建的圣马可大教堂，这座基督教世界最负盛名的教堂，是人类建筑史上一朵奇葩：它的5座圆顶是仿土耳其的圣索菲亚教堂而建，正面富丽堂皇的装饰属于拜占庭风格，而整座教堂的结构又呈现出希腊式的十字形设计，东西方特色的融合使其风格迥异、魅力倍增。中门穹顶阳台上，耸立着手持《马可福音》的威尼斯守护神圣马可雕像，下面是他的坐骑——抱着福音书带翅膀的狮子；6尊飞翔的天使呈三角形分列簇拥于雕像之下；五个入口拱门上方各有一幅描绘圣马可遗体从君士坦丁堡运回及安葬在圣马可教堂的镶嵌画，内容丰富、构图精妙；威尼斯人1204年掠夺自君士坦丁堡的战利品——4匹公元前4世纪的青铜马（复制品，真品收藏在教堂博物馆）傲然屹立于中间大门拱顶之上。这里是威尼斯历史与荣耀的象征。

法国启蒙思想家伏尔泰曾提出这样的疑问："旧式寡头政体下的威尼斯，为什么可以保证有这样的自由？"威尼斯虽然是个很小的国家，却维持了长达1000年的稳定，这源于其政治和文化的明智与开放。在这座但丁、彼特拉克和拜伦生活过的城市，人们始终固守政教分离、与宗教界保持距离的体制和传统，圣马可大教堂在相当长的历史时期都是共和国元首的私人礼拜堂，教堂主权也不属于罗马教廷。了解这一历史，就会理解罗马教皇为什么会感叹自己走到哪里都是教皇，只有在威尼斯不是。

瞬间的永恒——庞贝古城

公元79年8月的一天，那不勒斯东南方的维苏威火山突然爆发，一夜之间，庞贝古城被活埋在六七米深的火山尘砾下，从地球上消失了。1594年人们在萨尔诺河畔修建饮水渠时发现了一块刻有"庞贝"字样的石头，才知道已经消失了15个世纪的庞贝古城大体位置，历经数百年的准备和持续挖掘，在黑暗中沉睡了19个世纪的庞贝古城得以重见天日。

靠在伟大废墟上，
去感受悲壮的穿越

游走古城，当年的繁华似乎触手可及，广场、神庙、剧院、浴室、斗兽场，以及规划有序的街巷和街巷两边大户人家的豪宅，菜市场、面包店、铁匠铺、金银作坊鳞次栉比、一应俱全，决不会让你觉得陌生，甚至感到似曾相识。这一切，都因为一场灾难而躲过了岁月的侵蚀。正如歌德所言："在世界上发生的诸多灾难中，从未有过任何灾难像庞贝一样，带给后人的是如此巨大的愉悦。"正是在火山尘砾的保护下，这座依山傍水的古城奇迹般地复活了，像是在沉睡了1900年之后重新醒来。

图片远处的维苏威火山，是这场人类浩劫的始作俑者。它造就了庞贝的富庶和繁荣，也在顷刻间毫不留情地彻底摧毁了庞贝。

古希腊式建筑——法院的遗址

庞贝城内最宏伟的公共建筑都集中在市中心长方形广场的西南部，包括大会堂、法院、元老院、市政议会和神庙，一路走来，无不被古罗马第二大城市的气派和繁华所震撼，它是古罗马灿烂文化的重要象征。

火山爆发的瞬间，许多没能逃出城的人们被喷流而出的火山灰包封起来，窒息而死。随着时间流逝，人体腐烂了，只剩下一些空壳，考古学家把石膏浆灌进去，展现受难者被掩埋瞬间的惊恐与绝望。

这位面包作坊的师傅，抱着双手蹲在炉前

人类历史上很少有其他时期像文艺复兴一样，拥有如此强烈而持久的辉煌视觉艺术。它并非遥远时代的一种历史现象，而是经典的回归和新文化的创造，与我们的时代有着千丝万缕的联系。心怀憧憬，从多种文化传统中吸取心的光华与智的能量，应是现代人，尤其是现代中国人的当行之道。

2015 年 7 月 26 日

日本印象

退休后游历了不少国家，却从未考虑到近邻日本去旅行。这次随旅行团走进日本，主要为好奇心所驱使。2015 年我在法国莫奈故居参观，看到一个房间挂满了浮世绘版画，惊讶中不禁对日本的浮世绘萌生了极大兴趣，特别是一些从日本旅游归来的亲朋一改以往对日本的不屑，津津褒奖起日本的环境秩序和国民素质，这些都促使我计划外开启了日本之旅。

文明程度及社会秩序——超乎想象

短短的 7 天，所到之处果然非常干净：酒店房间一尘不染、自来水可以直接饮用；马路如清洗过一般，也闻不到汽车尾气的味道；特别是公共场所卫生间马桶全部带冲洗功能，洁净无味，这在其他发达国家是很少遇到的；从城市到乡村见不到纸屑、塑料袋和小广告。地接导游介绍如此干净的原因，一是整个国家没有重工业污染，连发电都是用核能和天然气；二是汽车燃油质量好，尾气中污染物较少；三是从城市到乡村几乎没有裸露的土地，除了 65% 的森林就是集约化标准化经营的农作物，其余都是硬化的柏油、砖石地面；四是日本人维护环境的自觉性非常高，人们从小就养成了不乱扔并分类存放垃圾的习惯，每家都有 4 个垃圾筒，根据材质分类存放，比如一个饮料瓶，瓶盖、标签、瓶体会分别放入 3 个垃圾筒，以备回收利用或做无害化处理。

日本的社会秩序之好也超乎想象：到了日本，导游就对我们说：大可放心游玩逛街，不必担心被抢被盗，日本的居民家里连防盗门窗都没有安装；马路上，人人遵守交通规则，汽车礼让行人；在农村，我们看到蔬菜超市没有营业员也没有收银员，只有包装好的蔬菜和一个放钱的箱子，顾客都是按照标价自觉放钱取菜，据说从未丢过菜少过钱。尤其令我印象深刻的是市场上完全没有假货，让人感觉非常踏实和放心，完全没有上当受骗的感觉。

“顾客是上帝”这句精典之言，在日本得到了最佳诠释。每一位游客都会惊叹于日本服务质量的优良：从导游、海关工作人员到大巴司机和商场酒店的服务人员，都文明礼貌，服务热情，无可挑剔。飞机托运的行李不用自己动手，工作人员会帮你从传送带上拿下放好。海关人员面带微笑，一边点头致意一边麻利地办手续，双手递还证件。不仅完全没有看人脸色的感觉，而且常常会感到过意不去，70多岁的大巴司机亲自装卸我们所有的行李，我看他年纪较大，自己去提行李，结果他一边鞠躬，一边拒绝；在酒店或商场，当服务人员上菜或从我们身边走过时，他们会退避一边，弯腰致敬，口中还念叨着欢迎或你好，看到他们中有很多是70多岁的老人，我们这些从小接受尊老爱幼教育的游客常常感到手足无措。

漫步在古都小巷

伏见稻荷大社的千本鸟居

稻荷大神是掌管生意昌盛的神，如果向神明祈求财运成功，就要在神社内竖立一座鸟居还愿（鸟居是由两根朱红色柱子支撑、类似牌坊的日本神社附属建筑）。这一江户时代的习俗，延续至今已具相当规模：从稻荷山下望去，成千上万座朱红色的鸟居沿着山势绵延数公里，高低起伏，错落有致，构成一条通往山顶的通道（全部走完需要三个半小时），十分壮观。据说现存鸟居最早的可以追溯到明治年间。我恍恍惚惚地在鸟居长廊中走着、看着，好像走过了无数人的愿望，从阳光投下的斑驳光影里，看到了过往的时光。

世界文化遗产京都金阁寺

金阁寺正式名称是鹿苑寺，因建筑物外面包有金箔，故又名金阁寺。寺顶上矗立着一只飞舞的金色凤凰，耀眼夺目，以金阁为中心的庭院表示极乐净土。这是由统一日本南北朝、缔造室町最强盛时期的大将军足利义满于1397年建立的古刹别墅。我们非常幸运，遇到阳光明媚的好天气，观赏到了富丽堂皇的金阁寺及湛蓝天空在镜湖池中如梦似幻的倒影。

平和公园舍利塔

位于小山坡上的平和公园，在天气晴朗的时候，是远观富士山的最佳之地。但我们恰遇雨天，没有饱览富士山风光的好运气。但阴天下雨和我复杂的心境倒与这所公园的背景不谋而合。日语中的“平和”，是中文“和平”之意。平和公园正是第二次世界大战后日本国民为表达对战争的控诉和祈求世界和平的愿望，由私人捐出土地建立的。园内最为著名的是一座来自印度的舍利子塔，白色的塔身下，端坐着一尊金色的佛像，以佛性的慈悲祈望世界和平。

追寻自我毁灭与升华——武士道精神

在日本富士山脚下有一片叫“青木原”的茂密林海，是自杀者青睐之地，被称为“自杀森林”，政府每年都会在这里组织搜查并移走上百具尸体。

自古以来，日本文化就延续着一种追寻自我毁灭、自我升华的传统，认为生命应如樱花：“刹那芳华、瞬间寂灭，短暂的缤纷更为绚烂”，日本人崇尚的武士道精神，便与此息息相关，自杀成为一种担责和谢罪的形式。不仅普通人如此，有些文人亦用自杀来书写自己人生的最后一章，如诺贝尔文学奖得主川端康成和著名作家三岛由纪夫。美国人类学家本尼迪克特在非常畅销的《菊与刀》一书中，概括了日本人“温和又好斗，爱美又黩武，尚礼又倨傲，善变又顽固，驯服又专断，忠贞又反叛，勇敢又怯懦”的矛盾性格，可谓点中穴位、精准客观。刀是武士道的象征，无论如何，这种嗜血性都会被视为是懦弱和不负责任的表现。

不朽艺术是对人生的启迪

在莫奈故居看到墙上挂满了浮世绘时，我即萌生了到浮世绘的故乡寻根溯源的想法。虽然在东京国立博物馆并未看到几幅浮世绘画作颇感失望，但街头小店售卖葛饰北斋及其他浮世绘大师绘画纪念品的却屡屡可见，我将装裱精致的布艺挂画及相框画《神奈川冲浪里》带回家里挂在墙上醒目之处。

葛饰北斋代表作《神奈川冲浪里》(1831 年)

画面上，被梵高喻为“鹰爪”的惊涛骇浪激起飞沫，即将吞噬小舟，大自然排山倒海的逼人气势，被抒发得淋漓尽致。这也是葛饰北斋能够名垂后世的一个原因，他作品的独特意境永远带给人们想象的空间。

葛饰北斋的画作具有构图新颖、形态巧妙、色调丰富以及艺术趣味多义性特征，如《神奈川冲浪里》这幅画：巨大的波涛，有如骇人的鹰爪的浪头，船上的人随时会被大海吞噬，越看越让人陷入不安和恐惧之中；同时，又体现得出渔夫坚毅勇敢的品质。这种艺术趣味的多义性，更折射出一种人生哲理：“活在当下”。我们的导游在日本学习工作了十多年，他这样告诉我们：“日本人在多灾多难的自然环境下，更重视现实生活，未来无可预料”，这正是反映江户时代市井文化的“浮世绘”深受大众喜爱的原因所在。

《凯风快晴》（1831 年）

画中代表吉兆的赤富士雄浑壮丽，这是北斋作品中最具抽象感的一幅画。

《山下白雨》（1830 年）

描写富士山上晴空万里，山下倾盆大雨，电闪雷鸣的巍峨之景。

日本民族自古以来对富士山就有一种近乎虔诚般的膜拜，葛饰北斋同样深受感染，他花了五年时间，创作出一组以富士山为背景的《富岳三十六景》，除《神奈川冲浪里》外，我最为喜爱《凯风快晴》和《山下白雨》。

葛饰北斋的名言是励志经典：“我从 6 岁就开始喜欢临摹，到了 50 岁左右作品就常出版，但直到 70 岁都还没画出什么值得一提的作品，73 岁时约略掌握了花草树木的生长、虫鱼鸟兽的结构，希望到了 80 岁时会有长足进步，90 岁时更能参透万事万物的原理，到 100 岁时达到艺术炉火纯青的境界，110 岁时信手拈来就能画出栩栩如生的事物”，89 岁的画师弥留之际还在说：“要是老天让我再多活 10 年，甚至多活5年，我就可以成为一个真正的画家了。”2000年，美国《生活》杂志把葛饰北斋列入“百位世界千禧名人”，赞扬他一生追求完美的精神。

在日本7天的所见所闻，让我感受到：这个民族具有一种沉稳专注的特质，他们会用一生去踏踏实实地做好一件事情，一件产品会精益求精到像艺术品。而当下，能踏踏实实做事的人又有多少？对此，我不胜感慨。

2016年4月8日

葡萄牙、西班牙旅行见闻

2013 年大年初五，我随旅行团踏上了葡萄牙和西班牙 9 日之旅。如今归来已半个多月却游兴未尽，所经所历、所见所闻仍在脑海中徘徊。我们的旅程从“陆止于此、海始于斯”的罗卡角开始。

面向大西洋的罗卡角十字架

罗卡角位于欧亚大陆最西端，是海拔 140 米毗邻大西洋的狭窄悬崖。这里地势险峻、巨石嶙峋、风劲雾浓、雪卷千堆。我壮着胆迎风站在天涯海角的崖边上，直面浩渺无际、波涛汹涌、气势磅礴、威严壮丽的大西洋，脚下一堆堆泛着泡沫的浪花拍打着万丈悬崖，如同站在险峰之上，胆战心惊地观赏着大西洋及周边的壮美风光，那种惊叹和心旷神怡的感觉，非常美妙！我们十分幸运，赶上了晴空万里的好天气，可以清晰地看到大西洋的拍岸巨浪和周边景观，如果在阴天或晚上，这里阴森恐怖，大海冲击岩石震天动地的咆哮和大西洋吹来的风声会令你毛骨悚然、不敢近前。

山崖上的灯塔引导着过往船只

罗卡角的山崖上建了一座灯塔和面向大洋的十字架，16 世纪葡萄牙最伟大的诗人卡蒙斯歌颂葡萄牙人聪明才智和探险精神的不朽诗作《葡萄牙人之歌》中“陆止于此，海始于斯”的诗句被雕刻在承载十字架的纪念碑上。在不知地球全貌的遥远年代，这里被看作是天涯海角，是远航的水手们对陆地的最后记忆。危崖嶙峋的岬角伸向浩瀚无际的大西洋，陆地到此戛然而止，石碑上记录了罗卡角在地球上的经纬度和海拔高度，标明这里是欧洲的最西端，是已知世界的尽头。石碑上矗立着面向大西洋高高举起的十字架，与灯塔遥相呼应，保佑、指引着北上的船只平安无恙，共同守护着罗卡角。

公元 1443 年在恩里克王子指挥下的葡萄牙船队正是从罗卡角出发，穿越了西非海岸的博哈多尔角一路向南，源源不断的黄金、象牙以及非洲胡椒涌入里斯本，葡萄牙成为拥有大量殖民地的海上强国，罗卡角一扫往日的孤寂和阴霾，一跃成为欧洲人开拓新世界的支点。1960 年葡萄牙政府为纪念“航海家恩里克”逝世 500 周年在里斯本建造了一座船形的“发现者纪念碑”，上面写着：“献给恩里克和发现海上之路的英雄”。恩里克王子站在纪念碑的船首，东、西两边雕有 32 名航海时代的航海家、导航员、传教士等葡萄牙英雄。

船头上第一个塑像是恩里克，其身后东西两侧坡道上各排列着16个对地理发现有重要影响的人物塑像。这里也是15—16世纪地理大发现时代到印度和东方去的帆船起航之地，是感受葡萄牙昔日辉煌的标志性建筑。

漫步在罗卡角，盘桓在思想深处、挥之不去的是，葡萄牙帝国对中国澳门400多年蚕食、侵占和掠夺的历史，奔腾不息的大西洋见证了这一切。

走进西班牙

西班牙对我来说是一个陌生、神秘的国度，旅行前，脑海中记忆的是航海家哥伦布、塞万提斯与《堂吉诃德》、野蛮的斗牛和弗拉门戈舞蹈，对西班牙历史和文化知之甚少，但走进西班牙，那些星罗棋布的中世纪城堡、皇宫和教堂，却令我着了迷。

塞维利亚——纪念碑的城市

建于15世纪初的塞维利亚大教堂，是在原伊斯兰寺院旧址上改建而成，为欧洲第三大教堂。1987年被联合国教科文组织宣布为世界文化遗产。

安达卢西亚自治区首府塞维利亚是一个长着棕榈树、有着热带风情的美丽地方，是一座满载着历史辉煌的纪念碑城市。1987年被联合国宣布为人类遗产的塞维利亚大教堂、王宫园林、西印度美洲档案史料馆等众多古迹均云集于此。遗憾的是，当我们驱车6小时，风尘仆仆从460公里外的里斯本赶到塞维利亚大教堂，却被告知教堂因临时有活动，已经关门了，无缘进入这座在规模仅次于罗马圣彼得大教堂和伦敦圣保罗大教堂的哥特式教堂，令我沮丧许久，只能在外部观望：眼前庞大完整的建筑群，是在1401年被摧毁的大清真寺基础上建造的，伊斯兰艺术的灵魂被揉入大教堂的建造中，如教堂北侧的橙园及综合不同文化和谐标志的希拉尔达塔；橙园中央穆斯林进入清真寺礼拜前做沐浴礼的罗马式喷水池；当年供召唤礼拜用的尖塔，仍然保有马蹄形窗户和阿拉伯细格窗的塔身，顶端装饰虽屡经改建，从圆球、十字架到现在的女神风向标，但都无损其浓郁的伊斯兰风格。

我不止一次在想，如果1243年费尔南多三世打下塞维利亚后，即对清真寺斩草除根；如果1401年教士会决定拆除清真寺，重新建造符合基督教风格的大教堂而不留痕迹；如果此后朝代的改扩建工程手下无情，塞维利亚多元文化的脉络势必被人为割裂而失去传承和魅力，正是那些克制、开明的统治者，为后代和世人奉献出风情万种的美丽橙园和宏伟壮观的希拉尔达塔！可见，重大时刻的明智和大度，将流芳百世。

我多么渴望进入大教堂，去观赏那华美纹饰、彩绘玻璃、光束效果，以及收藏的大量艺术珍品；到皇家祭厅目睹善待其他宗教的圣费尔南多三世圣骸盒上刻着四种文字的墓表；亲眼见识下后人追补给哥伦布的石雕国葬热闹场景，哥伦布死时贫病交加，这迟到的荣耀怎能不激起我的好奇心？希望到档案库去看看当年美国人华盛顿·欧文经常查阅资料的地方，正是这位美国文学之父，最早把中世纪西班牙风俗人情和摩尔人沧桑历史写作成书，介绍给全世界。

王宫入口狮子门，因拱门上头戴皇冠、身披绶带，手拿十字架的狮子而得名，狮子象征着权力。

导游愧于没能按约带我们参观大教堂，临时增加了参观大教堂对面的塞维利亚王宫项目。始建于1181年的王宫，高大围墙内萦绕着千年历史的回声，宛如一条历史画廊，展现出不同时期的建筑特征与艺术风格，让你不时产生一种时空错乱的恍惚，尚未从伊斯兰教的异域风情中回过神来，又情不自禁为天主教的建筑风格和精美的浮雕及纹饰发出赞叹！也难怪，这座王宫是天主教统治者对伊斯兰教王宫的屡次改建，才呈现出眼前万花筒般奇异的景观。

走出宫殿群，徜徉在橙子飘香的皇家庭院，思绪却仍在大厅里《临终的圣费尔南多》以及小教堂《航海人的圣母》两幅油画中徘徊：烛光下，一个一袭白袍、花白长发的垂危君王瘫跪在地上，他的上身被两个人勉强扶住，用尽最后一丝力气撑开双手，身体呈白色的十字状，王冠和权杖落在地上，对面是披着金色斗篷的牧师为他做临终祈祷。这幅油画创作于1887年，距费尔南多辞世已过去了大半个世纪，创意何在？是对他宗教光复和宽允的肯定、追忆，还是意指生命与权力的随风飘逝，只有上帝是永恒的。画家想必会这样回答："画意所在，自行理悟。"

油画《航海人的圣母》

凝望小教堂装饰屏上那幅著名画家费尔南德斯1536年创作的《航海人的圣母》不由浮想联翩，画面上麦哲伦、哥伦布和卡洛斯五世等历史人物栩栩如生，让人回想起大航海时代，西班牙崛起时的辉煌。当时谁又曾想到如此大起、必有大落呢？从南美抢来的黄金又哗哗地流走，历史终归是公正的。

科尔多瓦——塞内加的故乡

科尔多瓦位于瓜达尔基维尔河畔。前来观光的游客络绎不绝，主要是奔着伊斯兰标志性建筑的清真寺而来。这座建于786年，保留了伊斯兰教建筑特征并随着朝代更迭和改建，融合了天主教风格的清真寺，是科尔多瓦灿烂文化的结晶。

清真寺外观装饰大多已随历史磨灭，只剩几处色彩鲜艳的拱顶和细格子窗；寺内850根大理石和花岗岩构成的廊柱，与金光闪闪的拱顶相连接，依然华彩眩目。历经两个世纪完成的中央大教堂，融合了哥特式的玫瑰肋拱、意大利的圆顶、文艺复兴式的主祭坛，以及巴洛克式精美的装饰图案，极尽富丽堂皇，令人视觉震撼、目不暇接。

混合摩尔建筑和西班牙建筑风格的科尔多瓦大清真寺

科尔多瓦在古罗马时代就是繁荣的文化中心，10世纪到达极盛期。出生于科尔多瓦，斯多葛派哲学的重要代表、悲剧作家塞内加就是拉丁文学“白银时代”的杰出代表。科尔多瓦人以他为荣，将其全身塑像立在古城墙边的入口处。塞内加站在这里静观、见证了一个又一个时代的更迭，他微笑着拂去历史的尘埃，继续为自己“平等人道、藐视财富、崇尚人类自由”的普世价值寻找挑战者，2000年过去了，他依然声名显赫、影响不绝。

每每想起塞内加在《论德行》中取笑佩戴巨大珍珠耳环的女人，“把耳朵当牲口使，一只耳朵上挂了两三个庄园”的风趣描述都不由津津乐道，但塞内加人生轨迹与其哲学思想的巨大反差，又着实令我惊诧！他奉献出《论宽恕》《论仁慈》《论心灵的安宁》等多部不朽的哲学经典，内心深处却又开出“恶之花”来，他利用职权大肆敛财，纵容、宽恕尼禄的荒淫和残忍，甚至为史上臭名昭著的尼禄杀母“合理”性编造信件，帮助尼禄开脱。如何去面对言与行、信仰与现实的分裂？林达夫妇在《西班牙旅行笔记》中“每个人都时时面对这样的矛盾，这是人类‘性本恶’的一面和‘性向善’另一面的冲突。塞内加的哲学思考，是他理智的抽象思维结果，他的行为则是隐于内心的欲望，哲学不能帮助他战胜自己的欲望”的观点为我指点了迷津。科尔多瓦引以为荣的儿子还有比塞内加晚了1100多年的伊斯兰哲学家、科学家伊本·鲁世德，他手握一本书的塑像也安放在古城墙入口处，与塞内加像并列，他的《医学通则》被称为医学的百科全书，他的哲学著作《矛盾的矛盾》也极大地影响了欧洲晚期的基督教神学。

格拉纳达——伊斯兰教的最后王国

“一轮晶莹的圆月高挂在宫殿上，洒下一片柔和的光亮，射向每一个庭院、每一间宫殿，窗下的花园，也柔和明亮起来，橘树和香橼树的顶上都披上了银装，喷水池在月光下闪烁着，甚至可以看清玫瑰的羞红……”

——华盛顿·欧文

在西班牙的王徽下方有一颗小小的石榴，这是费尔南多和伊萨贝拉天主教双王统一西班牙后给王国徽章加上的石榴图案——格拉纳达——词义石榴的意思。

从阿尔罕布拉宫俯视格拉纳达

1492 年天主教费尔南多和伊萨贝拉双王的军队来到阿尔罕布拉宫城门前，弱小的奈斯尔王国早就预料到这一天的来临，最后一个摩尔人君王波伯迪尔毫无抵抗地缴械投降，伊斯兰教最后一个王国覆灭了。如果不是 200 年前格拉纳达的摩尔王阿尔哈玛独自前往已经打下整个安达卢西亚摩尔人统治的小邦国，在最后围困格拉纳达的圣费尔南多营地，跪下亲吻圣费尔南多一世的手表示臣服效忠，打动了圣费尔南多的宽允之心，这个由摩尔人统治的小小王国，早已不复存在。

被誉为美国文学之父的华盛顿·欧文在他的书中讲到了幸存的摩尔人知

恩图报，当圣费尔南多一世死讯传到格拉纳达，100 名摩尔骑士每人举着一支蜡烛，赤足走到塞维利亚，向圣费尔南多致敬，这样的仪式持续了将近 200 年，直到格拉纳达陷落。天主教双王费尔南多和伊萨贝拉夫妇进入阿尔罕布拉宫，惊叹于眼前用灰泥、木材和瓷砖建造出伊斯兰宫殿的宏伟壮观，不忍心改建或拆毁，他们的又一次慷慨，使阿尔罕布拉宫这座始建于 13 世纪的恢宏建筑，得以完整地呈现在世人面前。

桃金娘中庭：漂浮空灵的圣地

桃金娘中庭是阿尔罕布拉宫外交、政治活动中心，因水池两边布满“天国之花”桃金娘而得名。中庭内大使厅高塔及周边建筑倒影于池水中，池水折射出的光线照在四周回廊上，给人以漂浮之感，恍若置身漂浮空灵的圣地之中。

狮子厅中央由 12 只狮子托起的喷水池

狮子厅庭院由 124 根大理石细柱围绕而成，是供后宫妃子散步的地方。当年，除了国王，其他男性一律不准入内。传说，作曲家塔雷加，正是从这个喷水池喷出的水中，找到了创作的灵感和旋律，谱写出令人荡气回肠的《阿尔罕布拉宫的回忆》，被誉为“名曲中的名曲”。

格拉纳达是西班牙最后一个摩尔人小邦国，只有它被摩尔人统治了将近800年，它的终结，标志着基督教“光复”的彻底胜利。朝代更迭本是历史发展的必然，但摩尔王阿尔哈玛和波伯迪尔臣服、投降的往事，一直为后人褒贬不一，华盛顿·欧文在他的书中对费尔南多和伊萨贝拉的外孙查理五世说的一句话“假如我是他（波伯迪尔），我宁可让阿尔罕布拉宫成为我的坟墓，也不愿意这样失去王国流落阿尔布夏拉（按投降协定给波伯迪尔容身的山区）”予以讥讽，他说“那些强盛的人，是多么轻巧地对失败者发表英雄主义宣言！他们无法理解，即便一无所有，只要生存下来，那不幸本身就在提升着生命的价值”，西班牙国王阿方索十三世1931年离开王宫去法国流亡前说他“不想让西班牙人流血了”这些话让我思量许久，如果以牺牲国人生命来给自己戴上英雄王冠，这个王冠是否值得尊崇？

我还找到华盛顿·欧文曾经住了3个月尚未开放的房间，在门口向他致意。是欧文的《阿尔罕布拉宫故事》，使这座奢华至极的摩尔人王宫享誉全球。我相信，他的幽灵一定还在阿尔罕布拉宫四处游荡，继续探究和挖掘摩尔人的故事，好讲给我们听。

2013年5月5日

高迪的童话世界

这是我第一次见到高迪建筑，却如同发现新大陆般的惊喜和痴迷，仿佛步入真实的童话世界，炫目奇幻，愉悦万分，一切都变得那么美好！

圣家大教堂

1883年，31岁的安东尼奥·高迪接手圣家大教堂工程，到1926年因车祸不幸身亡，他为大教堂奉献了43年职业生涯，完成了圣坛地下室、立面、后殿、回廊与4座塔楼等部分工程，在搁置近30年后，1954年工程才重新启动。100年来，无数艺术家和建造者怀着对宗教和高迪艺术的虔诚之心，把自己的人生岁月交给了这个伟大工程，潮水般涌来的游客为大教堂奇异造型和色彩斑斓惊叹赞美之际，无不向高迪和这些默默奉献的艺术家、建造者们致以敬意！

圣家教堂就像一件永不完工的艺术品。也许，正因为它永不完工，才衬托出高迪建筑的无尽魅力。

相传安东尼奥·高迪出殡那天，巴塞罗那全城的人都出来为他送行、致哀！高迪被安葬在圣家大教堂地下墓室。

圣家大教堂的设计突破了基督教千篇一律的传统格局，既表达出千年宗教的浑厚根基，又有着独一无二的奇特造型。最令我动容的是教堂立面充满律动感的雕塑群组，以抽象形态和风格讲述了耶稣诞生、幼年和少年时代、赴难之路以及天地万物创始和谐的圣经故事；在耶稣诞生群组中，约瑟与玛利亚为婴儿耶稣添加衣服的温馨情景，给人以神也具有人的属性、天人合一的视觉感受；而18座塔顶精致华美、举世无双的顶饰，则纪念碑般昭示着不朽的神灵。

高迪建筑的成功，源于其创新技术与自由美学态度的完美结合，其开放的精神和大胆构思，使枯燥的建筑题材被处理得神采飞扬，充满幻想色彩，他绝对是现代建筑流派中的灵魂人物。

在奎尔公园播下象征主义的种子

高迪的艺术风格在奎尔公园亦更是发挥得淋漓尽致。进入公园，神奇和快乐就围绕着你。这位天才建筑家用20世纪最令人叹为观止的艺术创意，将一块崎岖的山坡建造成老幼皆爱的艺术先锋乐园，这里谜一般的色彩和象征意味，仿佛猜谜游戏，让喜爱追求异域时尚及破解迷局的人们乐不思蜀。这正是艺术家的创作本意，期待人们去尽情诠释他赋予奎尔公园的美好理想。

公园主入口处是两座造型夸张、结构严谨的标志性塔楼，粗犷的岩石与表面靓丽的拼贴彩瓷相映生辉。塔楼的顶饰托举着咖啡底色的花蘑菇，据说蘑菇是由倒扣的咖啡杯组成，高迪以此表明自己不再饮用咖啡。设计师的大胆用色及怪异造型，引发人们对两座塔楼寓意的各种遐想：有的说塔楼像仙女和巫婆的城堡，还有的说像两头大象在各自的鞍座上驮着一座防御塔，最令人信服的是高迪的创作灵感来自于童话故事《韩赛儿与葛莉特》的糖果屋，被褒为奇妙之幻，绝非过分！凸凹的塔身被灰、蓝两色相拼的方格图案覆盖，塔尖上交叉的十字架，指向东西南北四个方向，保佑着各方虔诚的信徒。

匍匐于公园石阶上神态安详、色彩炫目的蜥蜴，实际上是地下蓄水池的出口。据说，高迪为了获得最精确的造型，曾在一张金属网上跳跃着，借助自身落体的重量创造出这条蜥蜴的形状。从高处看，趴着彩色蜥蜴的台阶，通向出口、教堂和外面的世界，靠在它身上一定会带来好运气。

蜿蜒起伏，呈波浪外形的马赛克长椅，是用废弃的瓷砖、玻璃瓶乃至他自己的餐具来装饰，每一段细细看去，都是一副小小的印象派美术作品。长椅靠背的弯度恰到好处，坐在其上惬意而舒适。长椅的外弧是单人座，内弧为宽大的情侣座，令人倍感温馨。如若不知，谁会想到这位善解人意的大师竟终生未婚呢？高迪的一生都奉献给它唯一挚爱的建筑事业。

高迪建筑“怪异、荒诞、充满幻想”，就连公园入口处，延伸至山坡最高点耶稣受难十字架的蜿蜒道路，都被暗喻为一条精神升华之路。如果把一切“诡异、浪漫的”词汇都用到高迪建筑上，也不足以表达其无尽的魅力。高迪去世后，曾遭到新艺术运动者的抨击，1950 年后才恢复了声誉，被公认为历史上最伟大的建筑师之一。其圣家教堂、奎尔公园和米拉之家等 7 件最具异彩的作品被联合国教科文组织列为世界遗产，受到各方喜爱和尊崇。

2013 年 4 月 12 日

爱琴海上的璀璨明珠

历史上，一个名为“锡拉”的贫瘠小岛被威尼斯占领者改名为圣托里尼，这里明媚的阳光、湛蓝的海天、清馨的空气以及断崖上白色的房屋和蓝顶教堂，吸引着寻觅度假天堂的西方投资客，使其发展为闻名天下的度假胜地，游客眼中最接近天堂的地方。

圣托里尼地标建筑圣母玛利亚教堂因被美国《国家地理》杂志作为封面而享有盛名

这块面积96平方公里的弹丸之地，拥有世界上最美的海景和落日。从烟尘肆虐的都市飞来眼前碧海蓝天、阳光明媚、空气清新的世界，如在茫茫沙漠遇见了甘泉，每个人的脸上都惊喜得开出花来。坐在车上沿途看去，柏拉图笔下这块“自由之地”，一步一景，无论从哪个方向和角度望去，都是一副绝美的图画：一栋栋白色的房子依崖而建、层层叠叠、错落有致，教堂炫目的蓝顶、蓝色的窗棂和玫红色的三角梅点缀其中，白得纯净、蓝得彻底、红得耀眼，每一种色彩都纯粹到极致，令人迷醉，让人忘却，但凡到过圣托里尼的人都会身不由己沉醉在蓝色畅想中。

到达旅馆刚刚安顿下来，几对情侣就迫不及待地出去拍婚纱照，他们说：“这里是幸福开始的地方”，要把幸福美好的瞬间永远留下来。我穿过大厅来到宽阔的露台，一阵清新湿润的海风迎面扑来，把旅途的疲劳全吹走了，肺部如山谷般开阔而畅快，坐在遮阳伞下悠然地吹着海风，凝望着海天一色、银波闪耀的爱琴海，倾听着海涛拍打岩石，冲向岸边的豪迈与激情，迫不及待地向它敞开心扉。“海”对我具有特殊意义，每次与潮来潮往、波澜壮阔的大海独处，都能从海魂深邃博大的声音里吸取神奇的力量，使心智开启、让激情焕发，以最饱满的热情去拥抱生活。

火山断崖上的费拉小镇，每座房屋的窗户都面朝大海，观赏最美丽的海景和夕阳

圣托里尼的首府费拉建在向西的断崖上，虽说房屋层层叠叠，下层屋顶是上层房屋的露台，却不显拥挤、相得益彰，有限空间被运用发挥到了极致。家家洒满阳光的露台都面向爱琴海，各有创意、不拘一格，无论是蓝白相间的桌子、躺椅、遮阳伞，还是白色墙上探出红艳艳的三角梅，都尽显爱琴海特有的风情与浪漫。盛夏之时，躺在椅上享受炽热的阳光和清凉的海风，不沉迷才怪呢！在天堂也不过如此。入夜的费拉灯火辉煌、行人熙攘，迷宫般

店铺林立的缤纷小巷，竟找不到一条横平竖直的街道，逛了没多远我就迷路了，只好坐在一家纪念品的石阶上，观察和感受费拉小镇的异国情调和喧嚣繁华，等候孩子来找我。

毗邻圣托里尼的米克诺斯岛以其清澈的沙滩、卡特米利风车、迷宫式小镇和新鲜美味的海鲜闻名。放眼望去，清澈湛蓝的海水在不同的时段和光线中悠然变幻、深浅不一，纯粹得令人沉迷。

圣托里尼岛最令人神往的景观之一，就是在悬崖边上的伊亚小镇观赏“日落爱琴海”。每当黄昏来临，伊亚小镇就笼罩在一片绚丽的色彩中，有着不同肤色、说着不同语言的游客络绎不绝地穿过繁华的商业街，不时在出售纪念品的商店、艺廊或饰品店停下来，挑上几件心仪的纪念品，最后聚集到崖边和过道的石阶上席地而坐，无声地等待着世界上最美的落日。我不经意地向人群扫了一眼，他们有的表情凝重，似乎在思考人生的悲欢，感受伤悲之美；有的神态迷离，思绪随缓缓下沉的落日肆意游荡；还有的人以一种禅式的姿态，静聆海天合一、深邃浩瀚的大道涛声；我呢？什么也不去想，默默享受望海发呆的超脱与安宁。夕阳越来越低，太阳终于沉入大海，海面上只剩下一片绯红的余晖。

米克诺斯岛的海鲜美味诱人

暮色中的伊亚小镇，随处都是一抹风景，其幽静淡然的气质，宛如一条缓缓流动的小溪，让人徜徉在梦幻与现实之间。

夕阳一点点坠入爱琴海，蔚蓝的海水被染成金色

任凭时光流逝、任凭尘世喧嚣，这里与世无争、这里静谧温馨，有幸在圣托里尼岛住上几晚，享受在蓝色畅想中遨游的自由和逍遥，真是快乐无比、再无他求。

2014 年 7 月 26 日

雅典的荣耀

世界上最让人敬畏的力量是时间，那无可逆挽的沧海桑田如大浪淘沙，过滤掉无关轻重的细枝末节，而留下来的，注定成为永恒。

雅典是西方文明的发祥地。翻开古希腊的历史，荷马、苏格拉底、柏拉图、伯利克里、亚里士多德和阿基米德等一个个叱咤风云、震撼人心的名字，如天国的金刚钻无比璀璨，照耀着人类历史的天空。

雅典位于地中海沿岸的平原，这个被称作众神之城的爱琴海名城，是世界上最早的城市之一。时至今日，始建于公元前445—公元前421年的雅典卫城仍屹立在雅典城的最高处，俯瞰着雅典的芸芸众生。古希腊人的生活与神息息相关，最辉煌的建筑，就是神殿。雅典人每年都要举行一次盛大仪式，到这里祀奉雅典的保护神——智慧女神雅典娜。现存的卫城遗址仅有山门、帕特农神庙和伊瑞克提翁神庙废墟。穿过一个又一个肤色眉眼各异的游客，我迫不及待地拾级而上进入山门，将目光投向卫城最高点的帕特农神庙，默默地向它致意。

矗立雅典卫城最高点的帕特农神庙，创造出一种庙宇伸向天堂的幻觉

眼前的帕特农神庙是古希腊全盛时期杰出的政治家、雅典执政官伯利克里于公元前447—公元前432年组织建造的，这座背西朝东、总面积1200平方米，被46根高10米、直

径 2 米多立克式列柱环绕的长方形殿堂供奉着古希腊最著名雕塑家菲迪亚斯用黄金和象牙雕制高达 12 米的雅典娜雕像。2000 多年的岁月沧桑和战争损毁，精美的浮雕和雕塑早已荡然无存，但从仅存的断壁残垣及柱廊外壳中，仍可想象出昔日的非凡气宇和宏伟壮观。

公元前 30 年罗马帝国统治希腊的漫长岁月中，帕特农神庙曾被改建为基督教堂及天主教堂；1460 年奥斯曼帝国占领后又被改为清真寺；1687 年威尼斯人在海上与奥斯曼占领军作战时，炮火击中了堆放炸药的帕特农神庙，引起剧烈爆炸，仅剩下眼前石柱林立的外壳。1801—1803 年英国埃尔金勋爵将大部分残留雕刻运走，主要收藏于英国大不列颠博物馆及卢浮宫，就像当年八国联军从中国掠走了大量珍贵文物一样，成为历史上尚未了结的一桩遗案。

建于公元前 395 年的伊瑞克提翁神庙，最具灵性、美感的是墙面上六位迎风而立、霓裳飘逸、秀发浓密、头顶千斤的少女石柱，她们曼妙的身姿和优雅神态为神庙增添了傲人的气势和风采。据说，少女雕像发挥的不仅是支撑作用，而在守护更重要的东西，他们脚下深处是雅典第一任国王刻克洛普斯的坟墓，石柱少女正是这位传奇英雄永远的祭品。

耳旁无遮无拦的风声把我的思绪带到伯利克里执政雅典的黄金时代，当时的雅典率领希腊城邦击败了波斯军队，爱琴海沿岸近 200 个城邦争相为雅典献上金银财宝，这正是修建帕特农神庙的主要资金来源。资料记载，当年神庙内有一幅描述雅典人庆祝节日盛况的巨幅壁画，尽情表达着“所有雅典人节日”的举国欢腾。修建神庙的决定来自城邦所有公民的直接投票，工程的预算和开支都被刻在石头上，供城邦公民监督。2500 年前的预算公开和民众监督，不正是我们今天呼吁推进的改革目标吗？徘徊在“帕特农”遗址前，满目的沧桑悲凉，反倒让人虔诚和眷恋。

凝望一根根屹立千年的石柱，一个个携带着巨大能量、盖世无双的巨人显现眼前：伟大的盲人游吟诗人荷马，手捧着描写古希腊从氏族社会向奴隶制过渡时期社会生活面貌和风俗的《荷马史诗》款款走来，雨果是这样评价荷马的：“一部杰作已经成立，便会永存不朽。第一位诗人成功了，也就达到了成功的顶峰。你跟随着他攀登而上，即便达到了同样的高度，也绝不会比他更高。哦，你的名字就叫但丁好了，而他的名字却叫荷马。”为追寻真理视死如归的殉道者苏格拉底盘腿坐地侃侃而谈，“我是个精神上的助产士，帮助

公元前161年建造的阿迪库斯露天剧场

这座沿卫城山坡而建的半圆形剧场仍在发挥作用，每年都会在此举办雅典艺术节，帕瓦罗蒂、雅尼等世界顶级艺术家都曾在此举行过音乐会。

别人产生他们自己的思想。”这位像天鹅一样唱着歌死去的圣人，高举为思想接生的“助产术”火把，点燃了人类智慧的火焰。真实的历史不会否认帝王将相的作用，但促成思考的人，才是真正的征服者。

令人叹为观止的帕特农神庙不仅意味着对神的尊崇及希波战争胜利的纪念，更是雅典民主制的象征，伟大的政治家、军事家伯利克里开创的公民民主，成为后世西方倍加赞赏的体制。年逾六十，却气质高贵、步伐稳健的政治领袖伯利克里昂首阔步走上雅典人纪念阵亡将士葬礼上的讲演台，滔滔雄辩名垂青史：“我们的制度之所以被称为民主政治，因为政权是在全体公民手中，而不是在少数人手中。解决私人争执的时候，每个人在法律上都是平等的，但是在公务事物中，我们遵守法律，因为这种法律促使我们心悦诚服。任何人，只要他能够对国家有所贡献，绝对不会因为贫穷而在政治上湮没无闻，因为我们的政治生活是自由而公开的。”在历史长河中，所有阻挡人类进步的顽石，都将被东、西、南、北风吹散，唯有理想与精神不朽。

开创了希腊哲学新纪元的苏格拉底为培养治国人才，终生施教，不收学费。如今我们的GDP总量已位列世界第二，而普及高中教育的议题还尚未纳入治国方略的议事日程。国家复兴，教育理应为先。开明盛世促进了文化的繁荣，苏格拉底的学生柏拉图，受教于柏拉图的亚里士多德“青出于蓝而胜于蓝”，在学术创新和影响力方面都跃升至新的高度。柏拉图在西方教育史上最早提出了完整的学前教育思想及金字塔体系，他全面、和谐发展的课程体系和几乎涉及教学领域中所有重要方法的教学思想，给予后世教育家们巨大的影响和启迪。柏拉图还是西方客观唯心主义的创始人，其哲学体系博大精深，他的代表作《理想国》构造出的“正义之邦”理想国度，表达出柏拉图对追求正义的强烈憧憬与向往。而现实主义开山鼻祖的亚里士多德不赞同老师以假定的《理想国》衡量现实，主张从现实出发，以法治国。亚里士多德创立了形式逻辑学，丰富和发展了哲学的各个分支学科，也是最早论证地球是球形的百科全书式科学家。

雅典街头糕饼，散发着诱人的香甜

伟人的绝顶才华、千古气势，如希腊之魂，俯视着雅典城的朝朝夕夕、芸芸众生。而眼前的雅典人却不露半点骄横之态，淡定闲散、从从容容，似乎早已看淡世事的风骨熏染着卫城一代又一代的子民，正如苏格拉底所言“在这个世界上，除了阳光、空气、水和笑容，我们还需要什么呢?”

2014 年 7 月 11 日

瑞士探幽，邂逅诗情画意

生活、风光、诗意，也许世界本来就是如此相交相融的。

——美国作家惠特曼

在瑞士旅游，仿佛在绿茵入云、风景如画的人间仙境中徜徉。

坐在巴士上沿途看去：山峦峡谷青翠欲滴、重峦叠嶂；树在水边长，水在林中流，悬泉飞瀑自山涧奔泻而下，落珠飞溅、波光粼粼；星罗棋布的农庄散落在连绵起伏的山间坡地，饱食安逸的牛群卧在绿油油的坡地上享受阳光。我痴痴望着窗外生机盎然的美丽画卷，沉醉于静幽怡人的大自然怀抱，感受着由衷的舒畅和快乐。

山野风光

正如在中国旅游"不到长城非好汉"一样，登雪山是瑞士旅游的标志项目。可以想象，炎热的夏季，站在海拔3000多米的雪峰上，举目远眺阿尔卑斯山壮美的风光，是多么激奋！旅行社给我们安排的是游览冰川，乘坐大型缆车只需十几分钟，便到达山顶。山脚下郁郁葱葱、花繁叶茂，山顶上积雪皑皑、覆盖冰川，我仿佛吃了豹子胆，把恐高症抛到九霄云外，手扶绳索、小心翼翼走过滑滑的阶梯，最先登上海拔3000米的雪峰，非但心不跳、腿不抖，还忘情地举臂高呼："无限风光在险峰"。站在雪山最高点，天已不再高、云朵也似乎伸手可及，身处这样的高度，好像在飞翔。放眼望去：阿尔卑斯山脉云雾缭绕、浸没在云海中，秀美的少女峰雄浑险峻、奇观浩瀚，那里是观赏欧洲最壮观的阿莱奇冰河的最佳地点；群峰之上，被誉为"阿尔卑斯之王"的勃朗峰漫着白雪，冠冕似的穹顶耸入天际，时而轮廓清晰、时而朦朦胧胧，时而青葱苍翠、时而银光闪闪，我恍如小爱丽丝漫游在神奇世界中，

夏日的瑞士雪山

睁大眼睛呆立着，情不自禁地赞叹着“太美了!”最为刺激的是，我竟放胆坐上了全球最高的过山车，在海拔3000米轨道上横冲直撞、大声惊叫。这些惊魂之举，让已过花甲之年的我倍感惊喜和骄傲!

让我游兴未尽、乐不思蜀的蒙特勒，位于莱蒙湖东面连绵的山坡上，风格迥异的村庄和别墅点缀其间，为全景画面增添了几分秀色；成群结队的天鹅、野鸭在清澈如镜、碧波荡漾的莱蒙湖上嬉戏游弋，不时有水鸟从湖中钻出、振翅飞翔；湖面上快艇和帆船川流不息，一条条白色的带子在后面飞舞；湖畔上绿树浓荫、繁花似锦，簇拥着造型独特、神韵精美的雕塑，这里正是惠特曼笔下生活、风光、诗意相交相融的地方。我放下行李迫不及待走出宾馆，敞开肺叶、张大嘴巴，深深吸入湿润、充沛的空气，在满天繁星陪伴下沿着湖畔独自散步，瑞士是喜爱运动的国度，过往跑步的人感染着我，走到僻静处，我也随着耳塞机里的音乐节拍踢腿弯腰，一个人跳起舞来，完全释放、淋漓痛快。

我第一个攀爬到山顶，摆出一个飞翔的姿势。

这次瑞士行，总算了却我一个心愿，参观了拜伦留下不朽诗篇的石庸城堡。这座始建公元9世纪的诡异石堡，坐落在伸向湖心的“半岛”上，大部分地基被湖水包围，险峻之态恰如拜伦在《石庸的囚徒》中所述：“湖波浩渺，水深百丈，巨大的潜流回合而奔腾，雪白的浪花拍打着城墙”。走进城堡，只见昔日精致、奢华的装饰和彩绘的颜色已模糊褪去，但仍可窥见领主当年权倾四方的霸气和显赫。我无暇细看，步履匆匆走下陡峭楼梯，探视当年被囚禁的革命英雄波尼伐牢房，那里还立着几根钉有铁制镣铐的木柱，夜深人静，不知有多少不屈的灵魂在这里苦吟、徘徊，如果待上几分钟，说不定会听到波尼伐在两个弟弟惨死后的沉沉叹息。如今，地下室虽已不复当年的阴森恐怖，小小窗口也可映入一束阳光，但嶙峋的石壁和狰狞的石柱仍然令人不寒而栗。在走廊角落的墙上，布满了几个世纪参观者的签名，令人惊喜的是拜伦签名亦在其中（被铁框装裱起来），正是诗人一夜间写下：“石庸，你的监狱成了一隅圣地！你阴郁的地面变成了神坛！”，让石庸城堡成为天下旅游的重要景观。

石庸城堡

瑞士虽然不像邻邦法国那样，有着厚重辉煌的文化历史，但其无与伦比的自然风光在岁月流逝中并没有多少改变，依然保持着原始形态，吸引了许多文化名人来此游历和居住。卢梭、拜伦、罗曼·罗兰、爱因斯坦、瓦格纳和飘落凡尘的天使奥黛丽·赫本，这些阿尔卑斯上空闪耀的巨星，让瑞士堂而皇之进入人类文化视野。

依山傍水的卢塞恩

受随团旅游限制，这次短短四天的瑞士游，不免留下未竟心愿，比如我向往着到让法国大革命思想先驱卢梭心旷神怡、难以忘怀的圣·皮埃尔岛待上几天，在那幽深静穆、“绝佳的修身养性之处”追寻卢梭的足迹，去采集植物标本、卧在散发清新花香的干草堆上观察风云的变幻和小河的奔流，听鸟类鸣啼、与星星絮语；像卢梭一样，全身放松，仰面躺在小船上、在泊尔尼湖上随波逐流、放飞心灵，享受与大自然独处的美妙境界；我还期待到莫尔日小镇托罗什那兹村看看奥黛丽·赫本的“和平之邸”，为这位爱的天使献上一捧鲜花。人们对奥黛丽的挚爱，不仅因为她与生俱来的美丽优雅和时尚传奇，更由于她的人生轨迹处处闪耀着爱的光辉。她的儿子肖恩在母亲临终前问她有无遗憾之事，赫本回答：“没有，我没有遗憾，我只是不明白为什么有那么多儿童在经受痛苦”，弥留之际，这位天使仍放不下那些骨瘦如柴、受苦受难的非洲儿童。

好莱坞星光灿烂，而奥黛丽·赫本是最耀眼的那颗。令我不解的是，重视旅游业发展的瑞士，为什么不能帮助托罗什那兹村恢复奥黛丽·赫本纪念馆，圆了普天下赫本“粉丝”们心愿呢？她可是在瑞士居住了30年！正是这些文化名人熠熠星光与大自然融合之美，吸引着旅行者纷至沓来，否则，再美的自然风光亦不免寂寞。

奥黛丽·赫本
（1929—1993年）

最后，我向读到此书的读者们呈上奥黛丽·赫本在她度过的最后一个圣诞节上，为家人朋友朗诵的幽默作家萨姆·莱文森为孙女出生写的短文，赫本将其编辑成诗：

永葆美丽的秘诀

魅力的双唇，在于亲切友善的语言。

可爱的双眼，要善于看到别人的优点。

苗条的身材，要肯将食物与饥饿的人分享。

美丽的秀发，因为每天有孩子的手指穿过它。

优雅的姿态，来源于知识同行。

人之所以为人，是必须充满精力、自我反省、自我更新、自我成长，而并非向他人抱怨。

请记得，如果你需要帮助，请从现在起善用你的双手。

随着岁月增长，你会发现，你有两只手，一只帮助自己，一只帮助他人。

你的“美好的流金岁月”还在你的前方，希望你能拥有！

2014年7月28日

第二部分

拜谒文化伟人故居和墓地

在那遥远的地方——看望茨威格

茨威格
（1881—1942 年）

茨威格是我最为尊崇、喜爱的作家，几乎读完了他全部的传记作品。茨威格的书似乎有一股魔力，捧起就放不下，非一口气读完不可。中国有句名言：“喝水不忘打井人”，茨威格给我带来那么多阅读激情和人生启迪，我一定要去大师安息的彼得罗波利斯墓地为他献一束花，表达由衷的敬意和感激之情。这个愿望终于在 2017 年 1 月 20 日实现了。

彼得罗波利斯小城，距里约热内卢 68 公里，位于奥尔岗斯山脉海拔 813 米的谷地内，四周群山环绕。历史上曾是佩德罗二世夏季的避暑行宫，王室成员追随他，而上层社会则追随着王室，因此，这里被称为“夏都”。道路畅通的话，从里约热内卢驱车一个多小时即可到达。地接司机告诉我，他还未听说过有国内游客专程去那里看望茨威格的。想到这位杰出作家受纳粹迫害、流亡南美小城，叶落未得归根的心酸往事，我再无说话的兴致，望着窗外崎岖的山路和葱翠的山峦，沉入悲痛之中……

今天是周末，前往彼得罗波利斯休假的人较多，我们的车在拥堵中缓缓驶入山城，眼前是一排排见证了百年历史的欧式洋房，一条小河在其间蜿蜒流过，极为清幽。此时，又恰好落下丝丝细雨，山间的薄雾更为小城带来一种朦胧的美，空气中散发着鲜花与园林的淡淡清香，让人很容易感受到，茨威格为什么会如此青睐这座城市，将其称为“小塞末林”（维也纳远郊的一处胜地）。令人瞩目的是那些德式风格的洋房，原来佩德罗二世（积极废除奴隶制度，为避免冲突流血自愿放弃王位流亡欧洲）曾在 19 世纪向这里派遣德国移民，他们按照德国风格建造住宅，花园里种植着美丽的天竺葵，德式小王国就这样被搬到巴西的山区小城。70 多年过去了，虽然里约的嘈杂早已延伸到这里，但这座风光迷人、空气清爽的“小塞末林”并未发生多大变化，依旧充满了诱惑。

贡恰尔沃斯·狄亚斯大街34号

茨威格在这里度过了他60年人生的最后5个月。

1942年9月17日，茨威格带着第二任妻子夏洛蒂·阿尔特曼·茨威格在彼得罗波利斯定居，这里如画般田园风光和宜人气候，不仅是创作的佳地，而且对患有严重哮喘病的夏洛蒂而言，都再合适不过了。小城不大，司机很快就找到了茨威格最后的居所，远远即可看见坡型宅院里立着茨威格大幅相片，一阵莫名的惊喜扑面而来——大师，我从遥远的中国看您来了！

与朋友对弈的棋桌

这个大型平台是作家写作和工作的地方，他在写给友人信中曾提到：这幢小别墅“唯一一个真正的房间是一个大型的平台，我能整天在里面写东西和工作，并试着忘记所发生的和将要发生的一切”。

茨威格自传《昨日的世界》在这里完成；最后一部作品，中篇小说《象棋的故事》也是在这里写作的，这是茨威格最具杀伤力的反法西斯作品，他活灵活现、令人信服地描写了小说主人——被盖世太保囚禁在大饭店的棋手B博士，为使自己保持精神活力，如何凭着一本偷得的棋谱和自己对弈，从最初思维活跃、棋艺精进，到后来思想错乱、精神分裂的结局，揭露控诉了纳粹对人的精神无形无声的折磨和摧残。这让人自然联想到作家流亡中的孤寂、苦闷和绝望。这本书出版后好评如潮，被褒为茨威格小说中的精品。但茨威格没能等到这一天。

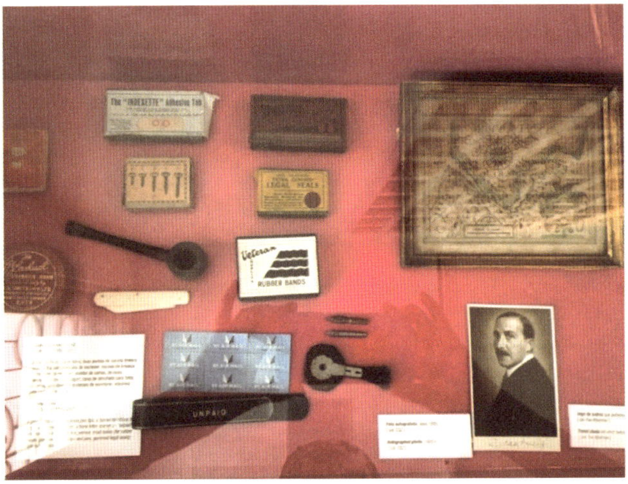

生前遗物

茨威格与患哮喘病的妻子

年轻的夏洛蒂·阿尔特曼体弱多病。1941 年在茨威格夜以继日写作《昨日的世界》日子里，小鸟依人的夏洛蒂却疾病缠身，不仅无暇慰藉萎靡不振、工作忙碌的丈夫，反尔需要丈夫去安抚照顾，这令茨威格十分沮丧。精神和身体的双重折磨和危机，注定了两人同一个结局。

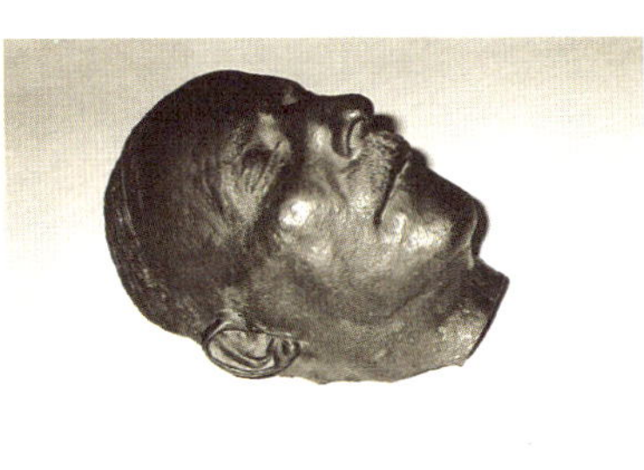

作家的脸模

凝望这张平和、安详的脸，我深深叹了口气，如能再坚持三年而非“漫漫长夜”，就会看见旭日东升，迎来和平的曙光。看到挑起战争的“纳粹帮”如何葬身在瓦砾堆里，遭千古唾骂！

茨威格50岁生日时，人们蜂拥而至向他祝贺，60岁生日时，仅有几位巴西的友人前来探望，眼观邮差从门前走过，却很少有他的邮件，加之语言的障碍，与世隔绝的宁静就像坟墓，让人感到死亡的气息。丰富多彩的生活和人，是作家创作的源泉，而德语世界业已沉沦，没有出版社出版他的书，也没有人敢读他的书，这个在创作激情中升腾翱翔的人，一旦不再能够写作，生活就失去了目标和意义。他不是战士，没有一颗坚强的心。但他是一个正直、有良知的作家，对别人的苦难，他的笔端充满了同情，写下了一篇篇催人泪下、动人心弦的作品。让我们也为这位杰出作家的陨落一掬同情之泪，将其丰厚的艺术遗产发扬光大。

茨威格的葬礼

茨威格一生漠视和拒绝荣誉，他希望自己在异国他乡死后能被简单安葬了事，但在他称为“希望之国”的巴西，却得到了隆重的国葬。巴西共和国格图利奥·伐尔加斯总统亲自出席了茨威格的追悼会，在棺木移往公墓时，代表总统的海军上将帕依克索托及政府高官抬棺走在最前面，4000多人陪同他们热爱的作家，一直走到墓地，据说，当茨威格的灵柩入土时，晴朗的天空瞬时阴霾密布，倾盆大雨不期而至，安葬后，雨才停下来。茨威格夫妇被葬在国王彼得罗二世墓旁，但愿这些崇高的荣誉和巴西人民的深情厚谊能够慰藉茨威格孤寂的心灵。

黄昏时分，我手捧花束和地接司机走进彼得罗波利斯公墓大门，出乎意料地未见负责管理房屋的人员，举目四望、偌大沉寂的公墓人影全无，想到万里迢迢来到这里，却不知茨威格的墓在何处？天色已晚、地接又催促早点离开，他晚上另有接机任务，正在我心慌意乱、急得快流出眼泪来时，忽然从前方走来一个工匠装束的50多岁的男人，我让地接赶紧迎上去打探是否知道茨威格墓在哪里？他并不言语却领着我们走出了公墓，穿过人行道来到另一片墓地，我心里仍不免发毛，不知他是否真的把我们带到茨威格墓地，当熟悉的黑色大理石双

与纪念馆负责人多拉·玛琪妮同“茨威格”合影

为仅有几枚硬币的捐款罐装进零散的美元，使其看上去丰满些。

人墓穴出现在眼前时，盯着刻有茨威格出生及去世日期的碑文，我激动得忘记了一切！当回过神来想起应给领路人小费时，才发现这位好心人不知何时悄然走掉了，地接刘先生说，巴西人就是这样的忠厚热情。我脑中立时闪过一个念头，也许茨威格知道我来看望……但无论如何，我与茨威格是有缘的，今天相当幸运！

我告诉茨威格：在当今中国和世界，您仍是作品发行量最大的德语作家，与歌德和卡夫卡齐名，被公认为20世纪最杰出的小说家。您是坚定的和平主义者、令人尊敬的人道主义者，您的书在这个世界所有语言中找到了友谊和尊敬，整个世界都是您的家乡，不朽的艺术和普天下读者由衷的热爱，足以告慰您的英灵！

为茨威格献上从中国带去的花束

安息吧，茨威格。

2017年2月18日

雄踞文学时空的王者
——访雨果故居

我把您当作陛下一样致敬，我把您当作兄弟一样拥抱，我感谢您在远方这般伟大，而我们在这儿是如此渺小。

——大仲马 1856 年就《静观集》写给雨果的信

我们不能不把他看成一个罕见的、是天意派来的人，这种人在文学方面拯救了大家，就如同有的人在道德方面、在政治方面拯救了大家一样。

——波德莱尔

雨果

（1802—1885 年）

在历史的长河中，时光可以埋葬山岗和小丘，却淹没不了巍峨高峰。站在 19 世纪世界文学之巅的雨果，辞世 100 多年来依然受万众景仰，他的故居是千千万万朝圣者不断造访的圣地。青少年时代，雨果的书引领我成长，退休后，我两次走进巴黎孚日广场 6 号雨果故居，以对这位雄踞时空的伟大作家有更深入的了解。

雨果故居门口有一块镶在墙上的大理石，上面刻有“雨果之家”字样。纪念馆共有三层，一楼是部分图片和文字介绍，二楼是陈列雨果画作及客厅、工作室和生活起居等物品的展室，按照雨果流亡前、流亡中和回归巴黎三个历史时期顺序展出，三楼则陈列书籍和影像资料，这些有限空间浓缩展示了雨果光辉灿烂的一生。

陈列雨果画作的展室，四壁挂满了雨果在不同时期的绘画，有 23 幅漫画风格的头像，包括充满奇趣的童话怪物、滑稽的木偶、街头小流浪汉以及大革命中的英雄等；有雨果创作的 15 幅钢笔和水墨风景画；还有一系列中世纪绘画，那些断壁残垣的古堡和阴森地牢的背景阴沉恐怖，散发出颓败和死亡的气息。雨果把绘画作为个人娱乐消遣及增添生活情趣的业余爱好。他说：“我是一个有别的事情要做的人。”尽管雨果对自己的绘画态度低调，认为并无发表的必要。但只要看过他不同寻常的信手拈来、挥洒自如、个性强烈，给人以无限想象空间的系列画作（留下了约3500张大大小小的绘画），又有谁会质疑他是杰出的画家呢？

第二展室内容甚为丰富，展出了作家的塑像、油画以及雨果的长辈、妻子和儿女的一组油画、物品。我被德维利雅1829年所绘的铅笔写生画吸引住了，画中年轻的雨果风度潇洒，特别是那双足以洞察一切内心隐秘的眼睛很是传神，令人过目不忘；最动人的还是奥古斯特·德·夏第雍绘制的雨果抱着自己的儿子法兰斯瓦（约四五岁）的油画，画中父亲流露出的疼爱之情和儿子依靠在父亲怀里的情景十分感人，突出了雨果是个“好父亲”的主题；在展室的一侧，跟随雨果50年的情人朱丽叶·德鲁埃的两幅画像吸引了不少参观者，年轻的朱丽叶花容月貌、含苞待放，另一幅老年画像则被消化道肿瘤折磨得形销骨立，但一双眼睛依然温柔含情，我不由想起，雨果最后对她的祝愿：“当我对你说：‘愿上帝赐福于你’，这是指天；当我对你说：‘安睡吧’，这是指地；当我对你说：‘我爱你’，这便是指我。”在雨果颠沛流离的19年流亡岁月中，朱丽叶像影子一样跟随着他，每天早晨采集带着露水的玫瑰，榨橙汁润滑雨果疲劳的眼睛，晚上则独守孤灯，为诗人抄写稿子。雨果在他心目中的金婚纪念日送给朱丽叶一张照片，背面写着：“50年的爱情，这便是最好的婚姻”。

《月光下的菲安登城堡》(1871年)

朱丽叶两幅照片

让我兴致颇浓的是三楼那间雨果称为“中国茶室”的小客厅，这间雨果用来款待朋友的客厅，完全是以从中国舶来的瓷器、书画、宫灯、扇面、佛像、琉璃、木雕及漆木家具等物品来布置和装饰，碗、碟、花瓶、茶具被精心镶嵌在房间的板壁上，壁板上雕着兰、竹、梅、凤等吉祥如意的图案，更为称奇的是客厅内还摆挂有57幅雨果创作的包括铅笔画、钢笔画、“烙画”等“中国题材画”，令我大饱眼福、惊喜不已。雨果和朱丽叶十分喜欢收集中国古董和艺术品，流亡期间，由于《惩罚集》和《静观集》的成功出版，使雨果有足够财力在根西岛高城居为自己家人和朱丽叶分别购置了房产，喜爱中国文化的雨果用近一年时间亲自设计装饰了朱丽叶的“中国客厅”，两人去世后，雨果的挚友保罗·莫里斯从朱丽叶的外甥手中买下，1903年捐给了巴黎市政府，安放在巴黎孚日广场6号的雨果故居，眼前中国风情浓郁的房间就是朱丽叶高城居“中国客厅”的再现。雨果虽未到过中国，但他对博大精深的中华文明怀有浓厚兴趣。中国人会永远铭记，1861年英法联军火烧圆明园时，雨果挺身而出，在《就英法联军远征中国给巴特勒上尉的信》中怒斥了引发两个强盗烧毁掠夺圆明园的罪行，并“渴望有朝一日法国能摆脱重负、清洗罪恶，把这些财富归还被掠夺的中国”。雨果，中国人民感谢您！

“中国客厅”墙上的挂盘和钟表

这是一对中国明清时期的古花瓷瓶，瓶上的图案和花纹华丽精美，看得出是中国瓷器的佳品。

最令我动情的是雨果卧室，室内的家具和摆设全部是从雨果最后的埃洛大街130号公寓移来的。雨果纪念馆根据当时报纸上的照片和雨果孙辈的回忆，真实再现了雨果生活中最后一个卧室的原貌：墙上最醒目位置是雨果躺在床上去世的画像，他伟岸、安详，金字塔般的额头上刻满了岁月的荣耀，显示出王者的尊荣；一张较高的重叠式写字桌伫立墙边，雨果和歌德、果戈理一样都喜欢站着写作，在这张不足一平方米的阵地上布下了一个又一个雷鸣电闪，《悲惨世界》《海上劳工》《九三年》《笑面人》……每一部小说都闪烁着赤诚之心，人们从那里感受到了良知、道德和力量的呼唤；凝目那张路易十三时代紫檀色雕花床，耳畔回响着诗人昏迷中说出概括自己波澜壮阔一生的动人诗句：“此地白昼和黑夜在进行一场战斗。”以及雨果在这个世界上说的最后一句话：“我看到黑色之光。”生命的最后时刻，雨果依然保持着诗人的理性与浪漫。难怪在伟人弥留之际，巴黎上空风狂雨骤，雷声隆隆，冰雹铺天盖地，这是上苍在迎接“请求为普天下灵魂祷告”的神明。雨果相信灵魂不死，他的确永远活着，我仿佛看见，雨果手捧十字架，升入无垠的天空，进入永恒……我在留言簿上写下：雨果的思想和精神与日月同辉。

雨果去世时的卧室及床

雨果不仅是伟大的作家、诗人和画家，更是勇敢无畏的社会斗士，时代发展与社会进步需要大力弘扬雨果精神，《悲惨世界》中揭露的腐败、贫困、堕落和黑暗等顽疾，依然是当今建立公平社会的障碍；现实生活中，人们也仍然需要马德兰市长这样大公无私、广施仁义的为政者；需要《笑面人》中面对特权与腐败的刚正不阿与慷慨激昂。

在雨果作品中，站在最瞩目位置的，始终是弱者，他把社会如何对待弱者，作为社会进步与否的标志。即便告别这个世界，他也“希望用穷人的柩车将我送至公墓”。雨果达到的高度是任何取得最高成就的作家都难忘项背的。这也可以说明为什么雨果的葬礼是精神文化领域里最崇高的哀荣，“一个国家把过去只保留给帝王与统帅的荣誉，给予一位作家，这在人类历史上还是第一次”。因为雨果是人民的代言人！

2015 年 9 月 8 日

巴尔扎克故居巡礼

在最伟大的人物中间，巴尔扎克是第一等的人；在最优秀的人物中间，巴尔扎克是最高的一个……他的一生是短促的，然而也是饱满的，作品比岁月还多。

——维克多·雨果

巴尔扎克
（1799—1850 年）

巴尔扎克故居坐落在巴黎第 16 区莱努瓦尔大街 47 号，是一幢建于文艺复兴时期的淡绿色古老建筑。大门旁边挂的木牌上写着："巴尔扎克之家。1842 年至 1848 年，奥诺列·巴尔扎克在此居住"。2016 年 7 月的一天，我冒着潇潇细雨走进了这座因修复已闭馆许久的故居。

这是一座三层楼房。从前门走下十几级台阶，是一个不大的庭院，院子对面是住房；侧面则是占地大约一亩的小花园，巴尔扎克租住了这幢房子一楼的 5 个房间，现均辟为展室，陈列着巴尔扎克用过的烛台、咖啡具、手杖、背心以及他心爱的拿破仑小雕像和 5 个剧本的手稿；玻璃橱里是巴尔扎克作品里的插图，高老头、欧也妮·葛朗台……栩栩如生；当年其他房客租住的楼层也都成为巴尔扎克博物馆的组成部分，收藏着巴尔扎克的书信、手稿、原版书籍、私人藏书以及家具和其他私人用品，这些弥足珍贵的物品见证了法国 19 世纪百科全书《人间喜剧》的创作过程与作家生活。

罗丹雕塑的巴尔扎克头像

那像雄狮一样硕大的头，略带棱角的脸型以及强壮的颈项靠着蓬松的头发，头发簇拥着一副在沉醉里凝望着创造力沸腾的面孔，智慧之光在他的一双小眼睛里闪耀，显示出无限充沛的精力与雄浑气势。

巴尔扎克写作的书桌

巴尔扎克的工作室保存得很完整，一张18世纪的书桌和高背椅格外引人注目，因为这张小小的长方桌是与巴尔扎克同甘苦、共患难的唯一知己，它任劳任怨、无比忠诚地陪伴着主人度过了一个又一个激情四射的良宵，在建造《人间喜剧》大厦中功不可没。作家曾满怀深情描述过：“它看到了我的一切不幸，它了解我的所有计划，它偷听了我的各种想法。我把生命投入这个坩埚里，就像丹术家投他的金子。”他爱这张桌子胜过财产中任何东西，因为这张桌子就是他的世界。如今，这张被主人从一个住处抢救到另一个住处，与伟大作家相亲相伴的小书桌，默默不语地守护着这方圣地，守护着只有它才知道的巴尔扎克的所有秘密。

巴尔扎克晚期最成熟的作品《贝姨》和《邦斯舅舅》以及被马克思誉为“脍炙人口的小说”《幻灭》就是在这张桌子上写成的。

给了巴尔扎克许多灵感的咖啡壶

巴尔扎克工作时唯一短暂的间歇，是按照自己的配方调制一种特浓的黑咖啡。据说在《人间喜剧》创作过程中，他大约饮用了5万杯咖啡。这位文学巨匠自己说过：他的一本书，只是由于“成了河”的咖啡帮助才能完成。咖啡是兴奋剂、麻醉剂，巴尔扎克用高浓度的咖啡开动其思维的引擎，使想象力丰富的机器不停地运转下去。他说：“那永远是照样的。一夜跟着一夜，一本书跟着一本书！我要营造的建筑物是太高而且太广了！”这种违反自然的过度消耗，摧垮了他原本健康的心脏。也只有这种毁灭性的狂热工制，才能解释为什么巴尔扎克在不到20年时间里，能够创作出《人间喜剧》中92部鸿篇巨作。如果巴尔扎克能够再活5年，尚未完成的50部作品就会全部完成并达到更辉煌的高度。

巴尔扎克的手稿

展品中印象最为深刻的是巴尔扎克的大量手稿，伟大作家严谨的创作态度实属罕见！纪念馆的工作人员介绍：巴尔扎克对印刷所送来的校对清样总是大动干戈，不仅修改误排、增删润色，还要彻底改写，甚至推倒重来。他那些不可思议、难以分辨的修改符号不仅让印刷所里新手们大伤脑筋，即便经验丰富的老工人也拒绝一天排印巴尔扎克作品超过一小时，哪怕付出双份报酬，出版商不得不让他承担多次校排清样的所有费用。非常有趣的是，在一些手稿的空白处竟有许多数字，工作人员说那是巴尔扎克的债务清单，工作之余他还要计算所获稿酬以及如何偿还到期的账单。虽说巴尔扎克负债累累，总是想方设法去追逐金钱，但在关乎作品的尽善尽美和艺术荣誉方面，他永远是一丝不苟、坚韧不拔的斗士。

身着工作服的巴尔扎克

巴尔扎克根据多年经验，为自己选定了最适合他工作的僧侣式宽松长袍，这种白色的敞开衣领、露出脖子的款式使呼吸更加顺畅，也非常便于身体各部位的活动，让血管里的血液加快循环起来。一根编结的绳子系在腰间，上面挂着一柄裁纸刀和一把剪子。

法国女权作家乔治·桑

巴尔扎克故居墙上挂着乔治·桑这幅年轻貌美的著名画像，两位杰出作家是非常好的朋友。巴尔扎克称乔治·桑是“乔治兄弟”，他们的友谊纯洁无瑕，巴尔扎克一次在诺昂庄园做客，两位作家有三整天从黄昏5时一直谈到清晨5点。巴尔扎克曾萌生过让乔治·桑为其《人间喜剧》全集作序的想法。1836年巴尔扎克为捍卫自己的声誉，向法院起诉擅自售卖《幽谷百合》清样的出版巨头布洛兹，同行们迫于有权有势的布洛兹的压力纷纷在报纸杂志上攻击巴尔扎克，只有乔治·桑和雨果拒绝卑躬屈膝、公开支持巴尔扎克。

德·韩斯卡夫人画像

德·韩斯卡夫人受过较高的文化和社交礼仪熏陶并酷爱文学，能讲流利的法语、英语和德语，具有西欧人的生活品味。其父母是波兰贵族，丈夫比她大近20岁，是俄国贵族，性情淡漠、趣味平庸，婚后的韩斯卡夫人过着空虚而乏味的生活。1832年2月韩斯卡伯爵夫人首次给33岁的巴尔扎克匿名写信自称被他征服，拜倒在文学拿破仑的麾下。次年9月两人在瑞士相见，开始了长达18年的马拉松恋情。1841年韩斯卡夫人丈夫去世，巴尔扎克开始向韩斯卡夫人狂热求婚，病怏怏的巴尔扎克还在寒冷的冬天两次长途跋涉到俄国催促成婚，而韩斯卡夫人则敷衍搪塞至1850年初才勉强同意与巴尔扎克结成夫妻，此时的巴尔扎克已病入膏肓，5个月后即辞世。《人间喜剧》这座前所未有的宏伟、辉煌的文学大厦也因作者的去世，未能全部完成。

韩斯卡夫人对伟大作家的冷漠一直受世人诟病，近几年，我两次到拉雪兹公墓去拜谒肖邦和巴尔扎克，肖邦墓前人多花也多，来凭吊的人络绎不绝。而距其不远处的巴尔扎克墓前则门庭冷落。墓碑铭文显示，韩斯卡夫人及其女儿亦安葬在此，雄心勃勃的韩斯卡夫人终以巴尔扎克夫人身份赢得了自己在历史上的地位，同伟大作家一起接受世人膜拜，我不禁在想，巴尔扎克的门庭冷落又是否与此有关呢？

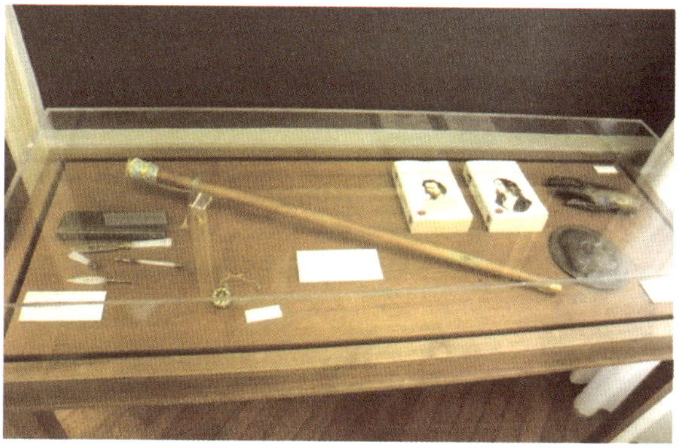

巴尔扎克遗物

其中最著名的是他从巴黎头号金铺花700法郎买下的，手柄上镶满了绿松石的金手杖，这根附庸风雅、招摇过市的手杖，一度成为巴黎上流社会饭后茶余的谈资。在花钱大手大脚、不加节制方面，巴尔扎克与大仲马颇为相似，1848年得知大仲马破产的消息后，巴尔扎克在给韩斯卡夫人的信中心有余悸地写道："我在报上看到，星期日拍卖仲马在'基督山'的全部动产，房子已经卖掉，或者即将卖掉。这消息使我不寒而栗。为了避免同样的厄运，我决心夜以继日地工作"。

墓碑上端巴尔扎克雕像神采奕奕、容光焕发，俯瞰着人间。

2012年5月在拉雪兹巴尔扎克墓前

在巴尔扎克故居参观，无不被作家充盈的头脑、超常的勤奋、坚忍的意志和丰富的想象力以及科学家的严谨和喜剧家的幽默所深深吸引，正是这些凡人不备的特质，才成就了文学拿破仑的辉煌伟业——将自己的名字与伟大的《人间喜剧》一起镌刻在世界文学史的不朽丰碑上。

2016年8月26日

莫奈的花园故居

跳动的线条、凝重的色彩，奔涌着的性灵……

只有去过吉维尼，你才能了解莫奈，了解他的个性、生活情趣和他的内心世界，从而真正欣赏他的画。

莫奈
（1840—1926 年）

克劳德·莫奈的画被视为法国国宝而享誉世界，但他自己却认为，故居和花园才是他最美的作品。他在吉维尼小镇的花园故居是巴黎市民最喜爱的休闲之处，也是全世界艺术家们不远万里来朝拜的圣地。2015 年 6 月我再一次走进了莫奈的花园故居。

莫奈的故居是一栋乡村式二层建筑，灰瓦屋顶和粉红墙面嵌着绿色的门窗，在夏日骄阳映照下，生机勃勃、格外耀眼。画家用明亮的色调将各个房间装饰得如同一件色彩缤纷的艺术品：米黄色的客厅和卧室典雅温馨，湖蓝色的厨房和鹅黄色的餐厅明快雅致、敞亮舒适，一看就知道是出于艺术大师的创意。莫奈经常在这里和友人聚会，这里至今还保存着他亲自设计的招待罗丹等好友的菜单。

莫奈的起居室

莫奈起居室展出了画家的许多经典作品，虽多非原作，但仍然令我惊喜。我喜爱莫奈的画，尤为欣赏户外写生画，他笔下四季、晨暮变幻中光、色的颤动及变化，完全出自大自然的神韵，使人感受到大自然深处的缕缕清香和来自生命的喜悦。每逢疲劳时，只要去细细观赏墙上的《睡莲》《撑伞的女人》和《格勒鲁依叶游乐区》（又名《青蛙塘》），疲劳很快便得到缓解，精神也愉悦起来，莫奈的画就这么神奇。古朴的桌子上摆放着画家及第二位妻子艾丽丝老年的照片，而莫奈爱妻卡缪尔著名的《红围巾：莫奈夫人肖像》和《撑伞的女人》《绿衣女人》等以她为模特的名画则挂在墙上醒目位置，这是对伴随画家颠沛流离 17 年、在画中盛装亮丽而生活中却连一件像样首饰也没有的卡缪尔最好的纪念，她倩影在莫奈作品中永远鲜活。

红围巾：莫奈夫人肖像

这幅令人心酸的名画创作于 1878 年，当时的卡缪尔身患重病，生命已不足一年。冬日雪景衬托下，透窗望去，只见一团红艳艳的跳动，画家多么希望这生命之火能够持续燃烧下去。

步入莫奈的卧室，一张白色的睡床格外引人注目，这浸透着画家生命气息的床多么神圣！夜深人静之时，莫奈的灵魂一定会在故居和花园内徘徊，他说过“普天之下能引起我兴趣的，只有我的画和我的花”。床头上方和墙上还展出了 11 幅塞尚的画和 4 幅马奈的作品，这两位声名显赫的印象派画家，是莫奈的朋友，莫奈在生活最困窘之时，是马奈向他伸出了援助的手；在入门起居室、艾丽丝的卧室及餐厅墙上挂满了日本的浮世绘，1862 年的世界博览会将浮世绘介绍到欧洲，收藏浮世绘在当时成为一种时尚，每位印象派画家都有自己的藏品，据说莫奈收藏的浮世绘就有 400 余幅。马奈、莫奈、梵高和德加等一些印象派画家，都从浮世绘中获得各种有意义的启迪，并运用到创作中去，在许多印象派画作中都可以找到浮世绘的影子，评论家认为莫奈的《青蛙塘》那些由大到小规则而层叠的水纹，是受了葛饰北斋《凯风快晴》云朵绘画技法的影响，他的谷物堆、杨树、鲁昂大教堂和滑铁卢大桥等系列画作也从葛饰北斋的绘画中找到了灵感。北斋的画不仅影响了莫奈的艺术，也深入其生活中，莫奈不但为妻子卡缪尔画了《穿和服的女人》，而且吉维尼水上花园的建造也借鉴了日本版画的风格。

走出故居，迈入庭院，五彩缤纷、夺目多姿的花海潮水般涌来，上千种

餐厅墙上挂满了日本“浮世绘”

奇花异卉竞相吐艳，虽值盛夏，春天的杜鹃却也在花丛中展露风姿，仿佛四季的花都在这里盛开。1890 年莫奈买下了吉维尼的土地和住屋，他按照自己的美学创意从日本和其他国家引入了各种门类的花草，将果园和菜圃改建成风格迥异的大花园。莫奈充分展示出了一位出色园艺家的天赋，他按照花木生长的自然形态和色彩的搭配、组合来布置花园，并通过花架上攀藤的花卉使整个花园呈现出铺天盖地的花海效果，给人以天女散花般的视觉美感。

五彩缤纷的庭院

拨开繁茂的枝叶，穿过芬芳的花圃和曲径通幽的竹林，就来到了水上花园。当年莫奈利用小镇附近河流改道之机，挖掘池塘，引入河水，建成了这座极具东方园林特色的水上花园。他在池塘四周种满了竹林、垂柳和花卉，池塘中种植着从日本进口的睡莲，还在池塘上架设了日本式的拱桥，给人一种参禅入定之感。放眼看去，小巧的池塘波光粼粼，绿色小桥紫藤环绕，湖边竹林、垂柳苍翠欲滴，粉红、黄色的睡莲幽幽绽放，环湖而植的杜鹃花、绣球花、美人蕉、冬青和蕨类植物竞相吐艳，无论朝哪儿看去，都会感到快乐。难怪大作家普鲁斯特参观后发出了由衷赞叹：“色彩美妙无比，和谐悦目，这里不仅仅是一座花园，更是艺术，一幅取材自生活、充满生命力，在大自然中完成的大素描”。

晚年的莫奈在自己亲手营建的花园里隐居作画，他患有白内障，几近失明，他说：“我拼命创作，想在看不见之前把一切都画出来”。他足不出户，常常凌晨 3 点就起床，一连几个小时静坐池畔，感受和大自然的心灵交融。

6月的水上花园

他捕捉着不同季节、不同气候及不同时段中光与影在水池和睡莲上的瞬间变化，成功掌握了光在水中的灵活跃动，并将其定格在画布中。1909年，莫奈以荷花为专题举办了一个画展，展出了《睡莲》系列13幅。同年又展出了《睡莲》水景连作48幅，这一批从他74岁开始创作的巨幅力作，是莫奈艺术生命中最辉煌的篇章。

1874年在莫奈和一群青年画家举办的画展中，这幅《日出·印象》遭到了评论家的诽谤和奚落，一位记者以嘲笑口吻称这次画展是“印象主义者展览会”，印象派的名称由此而来。

《日出·印象》（1873年）

作为印象派中最伟大的画家，莫奈的艺术代表着印象主义的精神实质。诗人雪莱曾作过这样的比喻：“他澄清优雅的眼神，在眺望蔚蓝的天空时，会把它当成是和我们生命同等的色彩去观察。”将人与物象在浩瀚的自然中视为连带同一的生命，是莫奈终身的信念。他的作品对光之美作了极致的描述，那是升华至空灵境界的生命之光，在永恒的寰宇中自在地流动着。因此，莫奈被尊称为“印象派领袖”。

法国政府1921年在卢浮宫侧翼重建了被誉为印象派西斯廷教堂的橘园美术馆，展出了莫奈1920年赠给国家的12幅睡莲壁画以及画家在花园故居所创作的印象派瑰宝。

2015年8月6日

探访大仲马的基督山城堡

历史是墙上的一枚钉子，用来悬挂我的小说。

——大仲马

大仲马
（1802—1870 年）

亚历山大·仲马是自学成才的法国大文豪，一生写下的 300 多部著作中最为脍炙人口、令他走向文学巅峰的作品是《三个火枪手》和《基督山伯爵》。这两部作品的巨大成功给他带来了异常丰厚的稿酬。1846 年，他决定在巴黎郊区寻觅一处远离城市喧嚣、安静优雅的生活和创作园地，并买下了巴黎以西 20 公里处的圣日耳曼昂莱一处可以俯视塞纳河谷的小山丘，建造了一座具有文艺复兴风格的城堡和一个有岩洞、假山及流水的英式花园，还在旁边的山坡上造了一座专供他写作及休息用的小楼，称之为伊芙堡。两座城堡隐蔽在一个小森林里，幽静而浪漫。

基督山城堡

基督山城堡于1847年7月竣工。其建筑风格和装饰的每一个细节都体现出大仲马的奢华要求及名作家身份：城堡的正面有二层塔楼，四周墙上嵌着大仲马祖父和自己的头像；外墙装饰完全由人工雕刻；在内部装饰上也非常精致典雅，墙上挂着他喜爱的莎士比亚、歌德和雨果等大作家的雕像。

大仲马还是一位美食家，他经常在城堡里设宴招待各方朋友，有时他还亲自为客人做上一道拿手好菜。乔治·桑在日记里就记录过大仲马亲自操勺："约上马夏尔，6点半跟若内尔夫妇一起吃晚饭。这顿饭是大仲马亲手做的，从汤到色拉，总共十来道菜，全都可口无比……"在他的遗作中，还留下一本内容丰富的《美食词典》。但好景不长，大仲马就把自己的财产挥霍一空，1848年被法院查封拍卖。1969年当城堡面临拆毁之时，大仲马之友协会与地方行政机构联合起来保护国家文物，摩洛哥哈桑二世也鼎力相助，使城堡得以保存并修缮一新，改为纪念馆，于1994年向公众开放。

城堡门厅摆放着大仲马的一尊半身雕像，雕像底座刻着这样一行字"我爱爱我的人。"雨果评价大仲马："他的为人像夏日的雷雨那样爽快，他是个讨人喜爱的人。他是密云，他是雷鸣，他是闪电，但他从未伤害过任何人。谁都知道，他待人温和，为人宽厚，就像大旱中的甘露。"大仲马信守共和政见，反对君主专政，他参加了1830年"七月革命"和1848年推翻七月王朝革命以及加里波第对那不勒斯王国的征战等活动。

大仲马摩尔式风格的卧室，彩色缤纷、风情万种，充满阿拉伯情调

据说，房间的设计装饰是由他从突尼斯带回来的一对父子完成的，他们的名字刻在了墙上。

这个房间墙壁上挂着大仲马父母的照片，介绍了大仲马的家世和个人生平。大仲马的祖父是一位侯爵，他与家里一名叫露易丝·仲马的黑奴生了个混血儿，即大仲马的父亲。这一家庭出身和黑白血统，令大仲马一生被种族主义困扰，使他形成了反对不公、追求正义的叛逆性格。13 岁当母亲让他选择：是沿袭祖父的贵族姓氏还是保留黑奴的姓氏仲马时，大仲马非常清楚这两个姓氏的高低贵贱以及对自己命运的影响，但他还是坚定地对母亲说“我保留亚历山大·仲马的名字”。

伊芙堡外墙白色的小石块上刻着大仲马 88 部主要作品的名字

大仲马没有受过正规教育，20 岁时去巴黎闯荡，得到他父亲老友、一位将军的举荐成为奥尔良公爵府的一位公务员。为改善生活，他业余时间去剧院誊写剧本并尝试自己创作。经过 4 年的努力，他的剧作《亨利三世》大获成功。当时的报纸如此描述他：“他的头昂得那么高，蓬乱的头发仿佛要碰到星星似的”，一夜之间他成了巴黎戏剧舞台上的新帝王。他也因此得以加入以雨果为首的浪漫派，历史也证明了大仲马的《亨利三世》最早为浪漫派戏剧开辟了道路，使他成了浪漫派戏剧的先驱者之一。

伊芙堡一层大仲马写作间

大仲马生前喜爱戏剧，他经常在这块草地举办戏剧表演

大仲马 68 岁那年爱上了美国女演员孟肯，2002 年法国邮政专门发行了大仲马 200 周年诞辰的纪念邮票，其中一枚邮票的图片是大仲马和阿达·孟肯摄于 1867 年的照片，从中可以看到大仲马幸福甜蜜的爱情。不幸的是孟肯小姐在一次演出中坠马而亡。伤心欲绝的大仲马在安葬了心爱的女人半个月后即辞世。

雨果在给小仲马的吊唁信中写道：本世纪没有人受欢迎的程度超过大仲马……大仲马的名字不仅是法国的名字，而且是欧洲的名字；不仅是欧洲的名字，是世界的名字……他挖掘人心，又在人心里播种。他播下的种是法兰西思想。法兰西思想包含了大量人文主义精神，结果凡是有法兰西精神深入的地方，便产生进步。2002 年，在时任法国总统希拉克主持下，大仲马的遗骨从家乡迁至先贤祠，他是继伏尔泰、卢梭、雨果、左拉、马尔罗之后第六位入祠的作家，也是对法国历史有杰出贡献，第 70 位进入先贤祠的文化伟人。

2015 年 9 月 16 日

朝圣果戈理

果戈理
（1809—1852 年）

如果说普希金的创造是三维的，那么果戈理的便是四维。

——俄裔美国作家弗拉基米尔·纳博科夫

1952 年，尼古拉·瓦西里耶维奇·果戈理逝世 100 周年，世界和平理事会倡议，隆重纪念达·芬奇、果戈理、雨果和阿拉伯医学家阿维森纳等世界四大文化名人；2009 年，在作家 200 周年诞辰之时，联合国教科文组织宣布该年为“果戈理年”；在俄罗斯，梅德韦杰夫总统签发了“隆重纪念果戈理 200 周年诞辰的命令”，政府拨巨款成立果戈理基金会，再版果戈理全集，重新修缮果戈理陵墓，彻底改变果戈理在本国地位没有达到应有高度的状况；果戈理出生的乌克兰各项纪念活动亦从年初绵延到岁末。这些至高的荣耀，果戈理生前可是连做梦也不会想到！

果戈理去世于老朋友亚·彼·托尔斯泰伯爵的故居。这座位于苏沃洛夫林荫大街南端色彩斑驳、陈旧不堪的浅黄色两层楼房，现在是果戈理纪念馆。门前的小广场中矗立着果戈理的青铜雕像，作家身披斗篷、躬身静坐，头稍偏、眼下视，惆怅的表情折射出复杂的内心世界；碑座四周是果戈理戏剧和小说中嘲笑讽刺的形形色色人物，这座著名的雕塑群是俄国雕刻家安得列耶夫在十月革命期间创作的。

走进纪念馆一层，果戈理当年在这里生活、写作、读书及过世的情景恍若昨日……门厅的衣柜上挂着他穿过的黑色长袍、披肩和礼帽；他站着写作时使用的斜面两层书桌仍在原地守候，期待着主人归来；阅读室的圆桌玻璃罩下陈列着他最后一次阅读的书，泛黄的书页上涂抹和注释的笔迹依然十分清晰；展品中非常珍贵的遗物有作家《死魂灵》手稿和那幅果戈理为朋友们朗读的画作，画中的果戈理挥着左臂，食指从握着的拳中伸出，嘴唇上和眼角边闪着俏皮的微笑，那长长的尖鼻子更是给他的相貌增添了狐狸似的刁滑味道，表情有趣而动人，听故事的人沉醉其中、表情丰富，整个画面生动极了！俄罗斯天才演员米·谢普金在听了果戈理朗读后激动地说："这样的喜剧演员我一辈子还没见过呢，也不会见到！"诗人茹科夫斯基也曾说过："对于自己的诗，他从未像在听过果戈理朗读后那样喜欢过"。当年听过果戈理朗读的朋友回忆"果戈理朗读他所塑造人物对话的高超本领，是任何人也模仿不了的……不仅每个字都听得清楚，而且他还时常变幻声调，让听众领悟到其中最细微的含义。"

果戈理站着写作的书桌

果戈理不仅有朗读天赋，还善于表演。高中时果戈理在自己编的剧本中扮演了一个羸弱小老头：他"上场时头戴羊皮帽，穿着一件粗劣的羊皮袄和一双打了油的皮靴。老头拄着拐棍，呼哧呼哧喘气，勉强走到凳子跟前坐下，他使劲地喘气，喘得浑身哆嗦，接着又哧哧地笑起来，像老年人那样声音嘶哑地、憋住气地咳嗽起来，突然放了一个响屁，逗得大家笑得前仰后合……而老头不慌不忙地从凳子上站起来，颤巍巍地走下舞台。"这位多才多艺的大师，还是一位水平颇高的画家，1839 年在意大利旅行期间，他经常与诗人、画家茹科夫斯基抱着画架外出写生，茹科夫斯基回国后，果戈理给这位画友写信："今天，我要出去画上一整天，我真不想离开罗马，它太美了！有无数可画的对象。我不知道能否活到那一天，我俩再次一起出去画画。"1842 年《死魂灵》第一部首次出版的封面，就是作家自己设计的，很受出版商的赞赏。雨果说过："伟大艺术家的每个特征都是历史财富。"

果戈理对写作极端认真，他顽强地去寻求最严厉无情的批评。有一次，果戈理请茹科夫斯基听他朗诵剧本并提出意见，由于朗读安排在午饭后，茹科夫斯基年纪大了又习惯于饭后打个盹，听朗诵时，不觉进入梦乡，醒后发现炉火窜起老高，空气中弥漫着一股焦煳味，他茫然地问："烧了什么？"果戈理对他说："稿子。""什么稿子？""我刚才给您念的剧本。"茹科夫斯基惊愕得张大了嘴巴，他认为剧本写得不错，果戈理怎么烧了呢？果戈理解释说："应该烧掉，您的入睡就是对它最好的批评。"

玻璃罩下是果戈理最后读过的书、记事本、裁纸刀以及喝茶的小巧铜杯子，在那个物资匮乏的年代，喝茶可是个奢侈的享受。记得，两年前在英国访问简·奥斯丁故居时，工作人员指着上了锁的柜子告诉我们，简·奥斯丁亲自安排喝茶事宜并掌管放茶叶柜子的钥匙。

大师的卧室及睡床

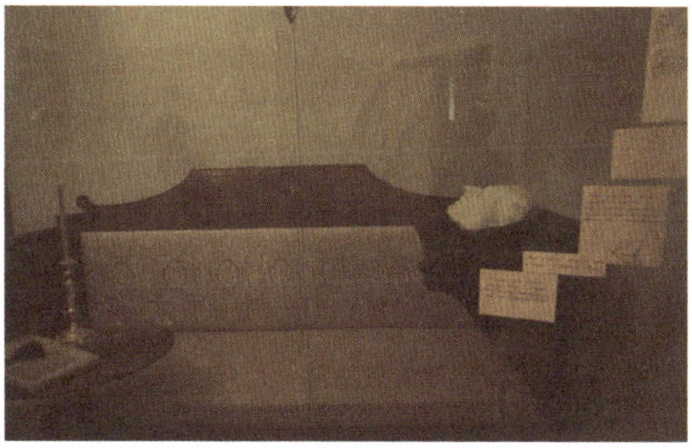

果戈理过世的沙发和脸模

很遗憾，果戈理短促的一生中的好日子并不多，他抱着为政府清除积弊的善意写出了《钦差大臣》，发表后却招致权贵们的攻击、咒骂，只好躲到国外去。果戈理作品以讽刺和幽默来表现官僚阶层黑暗人生的悲哀和痛苦，在讽刺和幽默的表象背后隐藏着强烈的批判意识，无情地鞭挞和揭露出许多尖锐的社会矛盾，成为权势阶层的眼中钉。果戈理之死，像一声巨雷，震动了俄国文学界，报刊上大量发表褒奖果戈理的文章，“图书审查委员会”被触怒了，他们下令禁止谈论果戈理，而屠格涅夫因为在《莫斯科新闻》上发表了一篇称赞果戈理是伟大作家的短文，被关进拘留所两个星期，此后报刊上连果戈理的名字也不敢提了。

果戈理是伟人亦是凡人，同样会带有世俗的瑕疵和不足。晚年的果戈理在处理自己事务时往往失当。《果戈理是怎样写作的》一书披露，“他给审查自己作品的官员写百般恭维、低三下四的信；费心结交达官显贵，对年轻时的老朋友冷若冰霜。还有，他永远是个食客，住在朋友和崇拜者家里时，从来分文不付”，果戈理自己亦说过：“我身上聚集着各种龌龊的东西，应有尽有，每种都有一点，并且种类如此繁多，至今我还未曾在别人身上见到过”。

这让我想起卢梭在《忏悔录》中的话：“万能的主啊！我的内心完全暴露出来了，和您亲眼看到的完全一样，请您把那无数的众生叫到我跟前来，让他们听听我的忏悔，让他们为我的堕落而叹息，让他们为我的种种恶行而羞愧。让他们每一个人在您的宝座面前，同样真诚地暴露自己的心灵，看看有谁敢于对您说，我比这个人更好！”同样，果戈理对自己的揭露和坦诚又有谁能够做得到？

果戈理墓

走进新圣女公墓，我首先去第二区凭吊果戈理，浓郁的枞树下耸立着一座黑色的花岗石墓碑，碑上黄色的十字架高大醒目，站在黑色的大理石棺前，果戈理的模样跃然眼前，宽阔的额头、偏分的齐耳长发、标志性的两撇胡须、紧闭的嘴唇和神秘的微笑，想起果戈理关于不要为他竖立墓碑，“否则你们也许会见到墓穴里虫子在我脸上爬动”的遗言，我忍不住笑了，为大师献上红色的康乃馨。

2013 年 9 月 21 日

在柴可夫斯基克林庄园

人的生命只有当它用来使其他一切有生命的东西都生活得更高尚、更优美的时候，它才最有意义。

——爱因斯坦

柴可夫斯基
(1840—1893年)

柴可夫斯基的音乐是在广袤、醇厚的俄罗斯文化土壤中孕育出来的艺术奇葩，他那奇妙的乐思，绝美的旋律给予我太多的思考、美感和激情，是我生命中灿烂的阳光。

走进克林庄园

克林庄园是柴可夫斯基人生最后两年生活的地方，位于莫斯科通往圣彼得堡90公里处的克林小城，这座风景宜人、交通便利、有着近千年历史的城市，是文人墨客经常光顾之地，普希金、托尔斯泰和科学家门捷列夫等名人都曾来这里住过。音乐家在这阳光明媚、草木清香、空气新鲜的质朴乡间过着心满意足、乐思泉涌的田园生活，他亲手种花、浇花和拔草，平生第一次有了家的感觉，他在给朋友的信中说“我也不知为什么，对克林的向往超过任何地方”。汽车尚未驶入克林城郊，朝圣的激动就令我坐立不安起来，这是我久已向往的圣地，目光紧盯窗外，生怕漏掉与老柴有关的任何景致。

克林庄园隐没在一片茂密的树林中，芳草如茵、繁花似锦、树荫蔽日、鸟声啁啾，一条小河蜿蜒而过，创作环境极佳。走进院墙低矮的木门，穿过两侧草木茂盛的主路，一栋灰色的二层小楼跃然眼前，这就是老柴的居所：

一层左侧墙面挂着柴可夫斯基的画像，那熟悉的微笑让人暖心得如见其人，展柜中摆放着老柴的礼帽、手套、指挥棒、旅行箱以及纪念银盘等浸透着音乐家生命气息的物品，它们伴随并见证了老柴音乐之旅的艰辛和荣耀，也在默默等待着主人的归来。

二楼多功能厅中央是一架黑色的德国"白伊克尔"牌钢琴，老柴每天都在这里弹奏，琴谱架上依然放着《悲怆》手稿的第一页：

——献给达维多夫

交响曲

NO. 6

彼得·柴可夫斯基

录音机缓缓流淌出被音乐家称为"安魂曲"的《悲怆》，那撕心裂肺、销魂荡魄的每一个音符都与音乐家的生命如影相随，那又甜又苦的旋律、带着泪水的微笑，让我相信老柴的灵魂仍然在故居里游荡……

墙上挂满了家人、朋友和演出其作品的音乐会照片，这些照片都是柴可夫斯基亲手挂上的，看得出，照片的摆放很有讲究：右侧墙上挂着家人们的照片，中间上方是音乐家的父亲，下方是深受其宠爱的外甥瓦洛佳；左侧墙面最大的椭圆形镜框中是彼得堡音乐学院的创始人安东·鲁宾斯坦，他是柴可夫斯基的老师，这位严格得过于苛刻的钢琴家曾多次伤害了学生的自尊心，柴可夫斯基在晚年坦言："我依然喜爱安东·鲁宾斯坦，他是一个伟大的艺术家和高尚的人，但我从来没有、将来也不会成为他的朋友。他始终是我顶际天空一颗常驻不移的星星，在我仰视他的光芒时，感到他离我很远。"而安东·鲁宾斯坦的弟弟莫斯科音乐学院创始人、钢琴家兼指挥家尼古拉·鲁宾斯坦则与柴可夫斯基情投意合，他亲自指挥和演奏柴可夫斯基的"第一钢琴交响曲"并大获成功。

音乐家的卧室是滋生灵感的圣地，窗前不大的书桌上放着几页《悲怆》的乐谱，这首我最喜爱的惊世之作就是在这里构思和创作的，屋角那张宽约80厘米的小床，承载着音乐家最后两年的梦中生涯，床前地毯上一双中国风格的睡鞋格外醒目，绿色的绸缎鞋面上绣着两片交叉的彩枝，张开一双淡黄色翅膀的小鸟，似乎在欢迎昔日主人的到来。

音乐家最喜爱的阳光茶室别致、温馨，阳光透过三面菱形格子窗洒在铺着白色桌布的小圆桌上，窗外的树影斑斑驳驳投入屋中，柴可夫斯基每天坐在这里阅读、喝茶和沉思。

除音乐外，柴可夫斯基最大的爱好是文学，书柜中摆放着但丁、莎士比亚、拜伦、雨果和普希金、果戈理、托尔斯泰、契诃夫的作品以及叔本华、斯宾塞、穆勒等哲学大家的专著，收藏了72册整整一套的《莫扎特全集》和格林卡曲谱，许多书页上都留有柴可夫斯基密密麻麻的亲笔批注，其文笔比许多专业作家都要优美、精练、合乎逻辑。

在音乐史上，柴可夫斯基没有“音乐之父”巴赫地位崇高，也没有“音乐神童”莫扎特的声名显赫，但他作品的风格和情调更符合我的审美偏好，从那亘古不息的律动中，感受和吸取着哲理与情感、浪漫与悲苍、激情和力量，我最为喜爱柴可夫斯基35岁时创作的《第一钢琴交响曲》并从中深受鼓舞，尤其是第一乐章气势恢宏的引子和最后欢快激昂的尾声，那钟声鼎沸、号角声声、管弦齐鸣的隆隆声实在令人亢奋，太过瘾了！每次聆听都感觉自己强大起来，拥有了星辰般辽阔的胸怀；而音乐家最为满意的封笔之作第六交响曲《悲怆》深沉、凄美，带有浓郁俄罗斯风格的曲调，则给予我至极的美感和心灵抚慰，当音乐与思想共鸣时，在时空中流逝的就不仅仅是音符和旋律，还有人生的思考与启迪。契诃夫说过：“我准备做一名光荣的警卫，日夜坚守在柴可夫斯基住处的台阶旁，可见，我尊敬他到何等地步！”

柴可夫斯基用音乐语言讲述了他的人生哲学，生与死、爱与恨、有与无的对立两极，让人深深感悟到生命的脆弱和本质，以理智和坚强去直面人生的苦难与悲欢，以满腔热情去拥抱生活。告别故居前，我在留言簿写下“感谢柴可夫斯基的音乐带给我莫大愉悦和人生思考。”我想，老柴一定会看得见。

在彼得堡亚历山大·涅夫斯基修道院周围的名人墓地，有一条“作曲家小路”，路的两侧有许多作曲家墓地，在路的尽头有一座极其精美的雕塑艺术品格外耀眼：两米多高的红褐色花岗石基座上竖立着柴可夫斯基的半身雕像，左上方是一个手扶十字架张开翅膀的天使保佑着墓主，右下方一个双翼合拢的天使依偎着碑座，入神地默读着手中的乐谱。我无声地笑了起来，雕塑家的创意真可谓独具匠心，漫步在这样一个美丽的墓园，你不会有死亡的恐惧和悲伤，所有的人文与祥和、艺术与浪漫无不令人惊慕和叹服！不由想起雪莱“想到人死后可以埋葬在如此甜蜜的地方，不禁让人迷恋上了死亡”的浪漫诗句，我终于了此心愿，亲手为柴可夫斯基献上一束鲜花。

旅行归来我不止一次在想，俄罗斯文学艺术特色到底在哪里？答案不外乎4个字：博大、精深。尽管大师们生前命途多舛、背负着苦难的十字架，却在人类艺术星空上镶嵌了一颗又一颗永恒的星座。近两年我从拜谒过的名人公墓中目睹到一个普遍现象，那些声名显赫的王公、政客奢华墓地荒芜冷落、无人驻足，世人倾心热爱的文化艺术大师墓前却四季如春、鲜花似锦，来自世界各地的朝圣者满目虔诚、鞠躬致敬。一位德国作家说过：“权力如过眼云烟，智慧却将永存”，我是真真切切地感受到了！

2013年10月3日

探索人生奥秘的陀思妥耶夫斯基

人是一个奥秘，应该破解它。哪怕为此付出一生的代价，也不要说枉费时间。我探索这个奥秘，因为我想成为人。

——陀思妥耶夫斯基

他庞大的身躯将如一棵无叶的巨树，屹立在本世纪文学史的地平线上，无数天才将借取他双翅抖落的羽毛飞翔。

——意大利作家亚米契斯

陀思妥耶夫斯基
(1821—1881 年)

陀思妥耶夫斯基是世界文坛跨越者中最伟大的一位，凭借他作品的高度，人们能够眺望到更遥远的未来。

彼得堡铁匠巷 5 号，是陀思妥耶夫斯基最后 3 年的居所

1971 年为纪念陀思妥耶夫斯基诞辰 150 周年，根据他夫人安娜的回忆录、日记及保管的照片和资料，作家故居纪念馆按照其生前原样布置，再现了伟大作家的工作环境和家庭生活。走进阴暗的起居室，作家的雨伞、手杖、帽子及日常用品同主人在世时一样摆放；工作室书桌上摊开着未完成的手稿，一对银烛台、一杯助他熬夜工作的红茶，还有他喜爱的普希金作品，《卡拉马佐夫兄弟》和《普希金纪念碑落成典礼上的讲话》就是在这张桌上写作的；墙上挂着拉斐尔的《西斯廷圣母》复制品及作家年

轻时的照片，房间装饰、摆设和家具简朴、寒酸，一看就是穷苦人家。1881年1月27日他抚桌写作时咯血倒地，翌日8点38分辞世。

陀思妥耶夫斯基的书房，沙发一侧的墙上挂着拉斐尔《西斯廷圣母》复制品。托翁过世后，陀思妥耶夫斯基经常去探望他的遗孀托尔斯泰娅，在一次交谈绘画时，陀思妥耶夫斯基谈到最欣赏在德国德累斯顿绘画陈列馆看到的《西斯廷圣母》，并为始终没有买到画得逼真的复制品而遗憾。托尔斯泰娅私下托德累斯顿朋友买下了《西斯廷圣母》复制品，三个星期后，将其作为生日礼物送给陀思妥耶夫斯基。作家看到礼物惊喜至极，当天即登门道谢。

面目冰冷的陀思妥耶夫斯基是个好爸爸，每天晚上他都夹着书本来到儿童室，为孩子们朗读普希金的童话，孩子们将入学时，他教他们俄罗斯语言、历史和地理，儿子见不到父亲时，会写张字条："爸爸给我一颗糖——费奥多尔"，放在父亲书房的门下边。

书房圆桌上座钟指针永远停在了作家逝世的圣洁时刻

作家的妻子安娜是位受人尊敬的知识女性，她担任丈夫的助手，以极大的热情废寝忘食地速记、誊抄、校对并负责组织书的入库与销售，她是第一个听众和批评者，在陀思妥耶夫斯的生活与创作中发挥了巨大作用，是陀思妥耶夫斯最贴心的"守护神"，她像母亲一样精心照顾和打理丈夫的方方面面，心甘情愿与丈夫共患难，无私地温存着那颗被苦难煎熬的心。作家临终前向妻子倾诉着充满柔情的话："好安娜，你记住，我一直热烈地爱着你，从来没有背叛过你，连这样的念头都没起过……"作家的《卡拉马佐夫兄弟》题献给了妻子。在相濡以沫14年的丈夫去世后，安娜将全部精

作家的桌旁是孩子们的木马玩具

力贡献给了丈夫作品、资料、档案的整理、保管和出版事业。

托尔斯泰十分羡慕陀思妥耶夫斯基的婚姻，后者拥有他无可比拟的精神慰藉，也经历了望尘莫及的苦难生涯，正如雨果在《论拜伦》一文中所言“在拜伦的笑和伏尔泰的笑之间，有着深刻的区别。因为伏尔泰没有受过痛苦”。命运将陀思妥耶夫斯基一次次抛向天空，又一次次拽入深渊。他的处女作《穷人》刚令他声誉鹊起，厄运的利爪就把他投进监狱，流放到西伯利亚。再次崛起之时，他的《死屋手记》震撼了俄罗斯，连沙皇都被感动得落泪。这个苦难的人未等回过神来，劫难又一次降临。他被债务和绝望逐出家园，凄惶落魄地漂泊在异国他乡，蓬头垢面、衣不遮体，饥寒交迫、病魔缠身，过着地狱般惨不忍睹的生活，他像在西伯利亚数着牢狱柱子那样一天天地数着日子，只求回到魂牵梦萦的俄罗斯，沦为乞丐也在所不惜。命运之神再次将他从深渊拽了回来，52 岁时他被批准回国了，《作家日记》《卡拉马佐夫兄弟》为他戴上了万众仰慕的光环，在纪念普希金诞辰 80 周年大会上，他慷慨激昂地号召俄罗斯人民达成最终和解的讲话，将公众对他的崇拜之情升至无限，荣誉之光连同荆冠在熊熊燃烧，辉煌的时刻，他完成了自己的使命。

陀思妥耶夫斯不仅是伟大的文学家，更是独一无二的心理学家和思想家。他居住在魔幻般的精神王国里，通晓人性所有方面，为人们打开了一个新的精神世界，揭示出精神底层的矛盾性和无限深度。他的思想异常尖锐，他的辩证法强大有力，他对矛盾事物具有坚不可摧的穿透力，他火一般的旋风把人们带出一切羁绊和黑暗之境，成为一个新人。阅读他的作品就好像到过另一个世界，灵魂获得了洗礼和飞升。

陀思妥耶夫斯的墓地坐落于彼得堡艺术大师公墓东侧，是由当时国内各界人士的捐款修建的。墓园静穆寂寥、树木葱茏、绿茵遍地，陀思妥耶夫斯基墓地四周种满了黄色的雏菊，顶部是十字架和一个象征苦难的荆棘花环，中间是作家的胸像，那具有王者尊严的宽阔额头上闪耀着圣光，碑的底座上刻着“我实实在在地告诉你们：一粒麦子落在地里，仍旧是一粒，若是死了，就结出许多粒子来。”在耗尽心血的最后时刻，这位人类灵魂探险家一把抛掉了干瘪的空壳，飞升至无垠的境界，神明之籽生出了永恒的芽。在这位神灵庇护的跨越者面前，任何语言都苍白无力，我弯下腰去将花束插入墓前的花筒中。

“一切都会过去的，唯有真理永存。”

2013年10月18日

访乔治·桑的诺昂庄园

乔治·桑在我们这个时代具有独一无二的位置，其他的伟人都是男子，只有她是伟大的女性。

——维克多·雨果

乔治·桑

（1804—1876 年）

乔治·桑原名奥罗尔·杜贝，出身于贵族世家。诺昂的庄园故居是其祖母 1793 年购置的，4 岁时父亲坠马丧生后她来此居住，由祖母抚养长大。1821 年祖母去世后，将诺昂别墅和田庄留给了她。

早晨，冒着倾盆大雨，我们母子乘车离开巴黎前往 300 公里外的莎特小城诺昂庄园，途中车窗的雨刷不停地摆动着，快到达莎特小城时，奇迹突现：雨停了，太阳出来了。惊喜中我仿佛看见风姿绰约的乔治·桑站在云端，嘴边洋溢着和善的微笑，欢迎中国朋友的到访。

走进庄园，我首先去家族墓地凭吊乔治·桑。墓地在庄园入口左边的角落，这里幽静、肃穆，与主人相伴百年的古树郁郁苍苍、浓荫蔽天，我终于站到了法国妇女解放的先驱——乔治·桑墓前，凝视着这座苔痕斑驳、极为简朴的石棺，弯下腰去鞠躬致敬！脑中闪现出乔治·桑的谦虚之言：“不到 50 年，我就将被世人彻底忘却，或许从此默默无闻。”136 年过去了，一位热爱她的中国女性专程来到诺昂，对她争取女权、捍卫自由、追寻真理伟大一生表以敬意，在最贴近其灵魂之处，我相信：乔治·桑一定听得见！

诺昂庄园

这里是童年回忆的寄托，是爱人甜蜜温馨的家，是朋友们流连的港湾，也是作家滋生灵感、挥洒才华的居所。

乔治·桑 32 岁时成为庄园的主人，直到去世为止。居住的别墅被常春藤覆盖的灰色老墙包围着，前面还有一片小树林，这里翠绿成荫、风情万种，既像花圃，又像公园，经过岁月涤荡，女主人留下的一切都历久弥新，乔治·桑和祖母亲手种下的一棵棵百年老树，依然枝叶茂盛、躯干挺拔，我们特意来到被树丛遮盖的福楼拜小亭，昔日幽美宁静的美丽亭间，如今绿荫森森、芳草萋萋；乔治·桑的别墅是一座二层小楼，一楼的餐厅是朋友们聚餐之地，餐桌上摆着蓝色的水晶杯和镀金瓷器，这里常常高朋满座、火花四溅，闪耀着智慧之光。当年福楼拜、李斯特、肖邦、德拉克洛瓦、巴尔扎克、屠格涅夫、小仲马曾是这里的常客，这些璀璨的名字之所以出现在法国一个边远的小乡村，只因为这里有乔治·桑，她以其独特魅力撑起了 19 世纪法国文学艺术史的半壁江山。维克多·雨果在流放根西岛期间曾发出这样的感叹：“夫人，您所在之处就是光明的地方。”

进入别墅首先经过的就是厨房，窗户正对着菜园，右侧是糕点炉，一张沉重的橡木桌子可容纳 12 个人进餐，女主人常常亲自下厨为客人烹调或制作各种果酱。

乔治·桑的厨房

当年肖邦经常在客厅内这架钢琴上为朋友们演奏

乔治·桑的餐厅

餐具架上摆放着各种各样的陶瓷制品，铺着白色桌布的餐桌周围，安放着路易十五时代的椅子。用餐时，女主人保留着英式习惯，重要客人坐在她周围，朋友们对每一顿盛宴总是赞不绝口。

乔治·桑的客厅

客厅的墙上挂着乔治·桑的祖先、儿女及孙女们的肖像，最令人瞩目的是墙中央那幅乔治·桑光芒四射的著名肖像，不由想起左拉对她的描述："丰盈的面庞上长着一对美妙的眼睛，使她的美貌带有一种力度，并给人以宁静"；在诗人海涅看来，乔治·桑具有一种独特、非凡的美，他甚至赞美"她和米罗的维纳斯一样美丽；她甚至在许多方面超过了维纳斯；例如，她要年轻得多。"显然，乔治·桑具有一种能够吸引她所遇到所有人的魅力，不仅美丽迷人，而且散发出独一无二的气质和精神光辉。

乔治·桑的卧室

这个蓝色的漂亮房间，弥漫着一种安宁、温馨的格调。它是乔治·桑从1867年直至去世居住的卧室，四壁贴着白色圆形图案的蓝色壁纸，圆形图案里有一个神秘的舞者，房间搭配着与壁纸同样图案色彩的窗幔、窗帘和床罩，这些都是由乔治·桑亲手缝制的，屋里摆放着路易十六时期的家具，家具和物品都按照乔治·桑生前原样放置，让人感觉她仍然在这里生活着。

乔治·桑的书房

女作家的作品异常丰富，为这个世界留下了105卷文字。她惊人的创作速度仿佛被施了魔法，其大部分小说的写作都仅用几个星期的时间，而《魔沼》（1846年）的创作，她坦言："我只花了4天时间来写它……比我想象的快很多，几乎是汩汩地从脑子里涌出来"。

乔治·桑的礼服

如今看来，这件礼服仍相当时尚。据说，当年肖邦第一次邀请乔治·桑参加他和朋友们的晚会时，乔治·桑就穿着一件白色的裙子，红色的腰带——这是波兰民族传统色彩，而肖邦则被她迷住了。

在二楼一个房间的门上包着厚厚的棉织品，那是当年肖邦的房间，这厚厚的门有隔音效果，便于音乐家不受干扰、专注创作。乔治·桑在与肖邦分手后，悲愤之下将所有房间的陈设作了改变，将肖邦昔日的房间扩建为自己的书房，只留下了厚厚的门。但有关他的回忆又如何挥之得去？两人一起在诺昂度过了8个非凡的夏天，在这里，肖邦被宠爱得如同一个孩子，他一生中许多重要作品都是在诺昂创作的。

1876年6月7日的早晨，乔治·桑让人将她的床挪到卧室窗边，这里正对着她在孩子们出生时种下的两棵雪松。夜晚临终前，她用最后的神志留下了这样一句神秘而优美的话语："留下青翠的草木"。隐居乡野，是乔治·桑一生的乐趣所在，她多次写过："只有在草地森林中间，我才能感受到由衷的快乐"。

乔治·桑是位思想者，是社会变革的先锋。1843年25岁的卡尔·马克思来到巴黎，海涅把乔治·桑介绍给了马克思，不久马克思就与乔治·桑一起为乔治·桑朋友所办的激进日报《改革者》撰稿，年轻的马克思受到法国社会激进势力——乔治·桑朋友们影响，从圣西门和普鲁东那里汲取灵感，这对于马克思意识形态的发展是非常重要的。正因乔治·桑具有敏锐的洞察力，才使她成为妇女解放的先驱者。

乔治·桑的朋友们是这样评价这位伟大女性的：巴尔扎克在《外省缪斯》这部作品中，创造了"桑主义"一词，来形容一种新的生活和处事方式。他还留下一部未完成的小说，题为《女作家》，乔治·桑的出众才华和非凡创造力一直令巴尔扎克赞叹不已；在小仲马看来：乔治·桑"像蒙田一样思考，像奥西恩一样梦想，像让·雅克一样写作，她的作品堪比莱昂纳多的画和莫扎特的曲"；陀思妥耶夫斯基也对这位杰出的女作家充满了敬意："当我年少时候，曾经和所有人一样被她作品中的人物及其理想的纯真与高尚所打动，被她作品中朴实无华的描述所吸引”；福楼拜在给友人的信中表达：“这位伟人身上发现所有女性的风采，在这位天才身上看到无尽的柔情。她是法国的一例典范，一份独一无二的光荣。”

乔治·桑的一生，是一位女性追寻自由的丰碑。俄罗斯著名革命家巴枯宁说过：“乔治·桑不仅仅是诗人，更是一位预言家”，她曾经点燃的火种如今已发展成燎原之势，激励着这个时代所有的女性去斗争。

2012 年 6 月 13 日

肖邦墓地絮语

开启人类智慧的钥匙有三把，一是字母，二是数字，三是音符。

——雨果

肖邦
(1810—1849 年)
欧仁·德拉克洛瓦画作
《肖邦》(卢浮宫收藏)

在巴黎拉雪兹公墓寻找肖邦的墓并不难，人多的地方即是。公墓中虽然名人济济，但肖邦却最受钟爱，来自四面八方的朝圣者络绎不绝，大家知道肖邦爱花，在他的墓前摆满了鲜花和长明灯，我一时竟找不到合适的放花之处，只好靠边摆放。

肖邦的墓碑是由整块大理石精雕而成，底座正面是肖邦的浮雕头像，这个头像出自乔治·桑女婿、雕刻家克莱辛格之手，上面刻着："献给弗雷德里克·肖邦，他的朋友们"，碑顶上是一个裹着轻纱，披散秀发，怀抱古典乐器演奏，低头沉浸在忧伤中的少女雕像，似乎在哀悼墓中人英年早逝的不幸人生……1849 年 10 月 30 日，在巴黎玛格达林教堂举行了一场符合肖邦身份的葬礼，在鲜花覆盖的棺木中，肖邦的面容年轻、英俊，法国作曲家列费布尔·维里用风琴演奏了肖邦美妙的 b 小调和 c 小调前奏曲；接着，天籁女高音维亚尔多和卡斯特朗演唱的莫扎特《安魂曲》在教堂内回荡，肖邦敬仰莫扎特的天才，他希望在下葬的时候给他演奏莫扎特的《安魂曲》。他的朋友、法国浪漫主义画家欧仁·德拉克洛瓦认为肖邦是他所认识的艺术家中最纯正的典范，"比任何人都接近莫扎特"。由于莫扎特《安魂曲》的独唱部分大部分都是女性演唱，而玛格达林教堂从不允许唱诗班里有女性。这使葬礼推迟了将近两周，肖邦的朋友多次跟教堂交涉，巴黎大主教临时同意让两位女歌手在黑幕帘后演唱。

出殡时的扶棺者是流亡的波兰王子、德国作曲家迈耶贝尔、法国大提琴家弗朗肖姆以及法国浪漫主义画派代表欧仁·德拉克洛瓦等几位声名显赫的友人，他们把灵柩抬上华丽的灵车，几匹黑马拉着这位最伟大的钢琴天才前往拉雪兹，墓地中回响着加上了管弦乐的肖邦 b 小调葬礼进行曲。肖邦希望同自己的莫逆之交意大利作曲家贝里尼葬在一起，现在，他就躺在贝里尼和作曲家凯鲁比尼的中间，和从波兰带来的那杯泥土葬在一起。按照肖邦生前遗愿，他的心脏被运回华沙，安葬在圣十字教堂，在“波兰沦陷”被迫离别故土 19 年后，他终于回到了魂牵梦萦的祖国怀抱。

李斯特是这样赞美肖邦的：“肖邦的惊鸿一瞥令所有在场的精英人物都黯然无光，就像水果的滋味盖住了整盘甜点的味道。”如今，肖邦与他的音乐仍像当年在巴黎音乐沙龙被众星捧月般深受仰慕。他生前的每一次演出，都为听众展示出醉人的品质，像一片羽毛泛浮于柔顺的微风中，轻盈、缥缈；像一弯碧静的小溪，从天鹅绒般柔软、细腻的手指间流过，清馨、柔美；像边远村落里冉冉飘升的炊烟，宁谧、安恬，而这些，只有天才才能做到。他为自己的演奏倾注了最深切的人文关怀，带给听众一种超自然的神秘快感。大哲学家弗雷德利希·尼采在《人性的，太人性的》一文中赞誉肖邦：“在束缚中的自由——一种王侯气派的自由，新音乐家中的最后一个……所有在他之前和之后到来的人都无权享有这个称谓——肖邦有习俗的王侯般银色优雅，拉斐尔在传统的简单色彩使用中显示过，但是肖邦涉及的不是色彩，而是旋律、节奏的传统……如同最自由、最高雅的精神在这个枷锁中弹奏和跳舞”。

2002 年在华沙近郊热亚佐瓦沃拉村的肖邦故居

1810 年 3 月 1 日，肖邦在这里出生，同年举家搬迁到华沙。

肖邦是浪漫乐派中一位深具浪漫色彩和诗意的音乐家，他的作品饱含激情与忧郁两种气质，达到了出神入化的境地。聆听肖邦的音乐，感觉就如约翰·济慈诗句所形容的，打开了一扇“通往被遗忘仙境的窗扉，窗下涌动着神奇的滚滚波涛”，他是在钢琴键上挥洒色彩的大师，编织出彩虹般梦幻诡异的旋律，仿佛来自遥远的星空。有人说“音乐是上帝的语言”，那么欣赏音乐则是一种与上帝对话的审美过程，当夜深人静，我关上灯，拉开窗帘，在月光陪伴下，蜷缩在沙发里聆听肖邦的小夜曲，任心灵在孤寂、浪漫、柔美的意境中久久游荡，他的夜曲绝非昙花一现般惬意和感动，而是余味无穷、难以忘怀。所以，我两次乘到巴黎旅游之机，专程去拉雪兹墓地看望肖邦。

乔治·桑聆听肖邦弹奏钢琴

这是欧仁·德拉克洛瓦 1838 年画作的复制品，大约在 1874 年，不知何故，此画被一分为二，肖邦像留在卢浮宫；而乔治·桑画像保存在哥本哈根的奥罗普格美术馆。

乔治·桑并不是一个训练有素的音乐家，但她审美品位很高、能从容欣赏一切形式的艺术，这使她与肖邦在共鸣中产生了爱情。当肖邦的琴声响起的时候，乔治·桑经常把手搭在他的肩膀上，凝神倾听他的演奏和创作，还时常用肖邦教她的波兰语对肖邦说："亲爱的老伴，我很爱你。"

在肖邦 39 年短暂生命中，有 9 年是与乔治·桑共同度过的，这个需要家庭的人，找到了一个家，家庭温馨的氛围和乔治·桑的贴心照顾，为他提供了一切必要的支持，这也是肖邦音乐创作的黄金时代。他在给朋友的信中说："她照顾我时，从来不知道疲倦，她不得不一个人看护我，她为我铺床，打扫我的屋子，为我准备牛肉、茶，为我牺牲了自己的一切……这些我都看在眼里，想想吧！她还要写作。"有一次，乔治·桑看到自己养的小狗在屋子里追着自己的尾巴绕圈圈的可爱模样，忍不住对肖邦说，如果自己能具备丝毫像他一样的音乐才华就好了，这样就能将这一动人情景用音乐描绘出来。肖邦听了，立刻坐到钢琴前，即兴弹出一首轻快活泼的曲子来，就是大家喜爱的《小狗圆舞曲》。许多史料都证实，两位天才都不是真的希望决裂，而是由家庭纠纷及误解所致，还有太多的愤怒和骄傲。否则很难诠释李斯特在《论肖邦》一书中所写："当他谈到这个女人的时候，他的眼里不止一次噙着泪水，他不能不想她，尽管决定离开她。"肖邦在去世的前两天还对前去探望的乔治·桑女儿弗朗索默说："她曾对我说，我只会死在她的臂弯里"，而乔治·桑在自传《我毕生的故事》中指责"在我们之间有着很多居心莫测的人……有人告诉过我他曾经呼唤过我，还感到他很是遗憾，爱我一直爱到了他最后一口气。有些人至今还向我隐瞒着这一切。还有一些人对他隐瞒着我时时刻刻地都在想着奔赴他的身旁。"这些话语无不令人欷歔，从最初的两情相悦，到创作上相互影响，再到最后产生矛盾、爆发冲突、渐行渐远，太多的真相已经被掩埋在时光中了。

2012 年 4 月

2015 年 7 月

毋庸置疑的是，肖邦最好的作品都是这期间，在爱的滋润和庇护下完成的，是爱与艺术的完美融合。大诗人亨利希·海涅在《论法兰西舞台》第十封信中是这样评价肖邦的："是的，人们必须承认肖邦是个天才，在这个词的完全意义上的天才；他不仅技巧精湛，他是诗人，他可以让我们看到他心灵中活着的诗，他是音乐诗人……他来自莫扎特、拉斐尔、歌德的国度，他的真正祖国是诗的幻想。"

肖邦——音乐史上超越时空的永恒丰碑。

2015 年 8 月 6 日

为艺术殉道的画家
——在奥维尔凭吊梵高

梵高
（1853—1890 年）

他生下来。
他画画，他死去。
麦田里一片金黄，
一群乌鸦惊叫着飞过天空。

——法国诗人波德莱尔

2012 年 5 月我在法兰西文学艺术朝圣之旅中，专程到巴黎远郊瓦兹河边的奥维尔小镇去凭吊梵高。虽然书中曾看过“梵高兄弟坟墓比公墓里所有墓地都寒酸简陋”的字眼，但置身现场的感受却更为悲悯！想想吧，今天梵高的一幅油画被拍卖出近亿美元的天价，可这又与梵高有何相干？梵高生前奢望“如果能够喝上一碗浓浓的肉汤，我的身体马上就会好起来，当然，我知道这很荒唐。”凝望眼前方身圆顶、不足 2 尺高、苔痕斑驳的墓碑，一串串泪珠滴在覆盖着坟墓的常青藤上，浸入了埋葬梵高的黄土中……看望梵高，这一刻我等待了很久，亲手为梵高和无私帮助、成就了梵高日后辉煌的弟弟提奥献上金灿灿的油菜花，在没有向日葵的春天，“大地的果实”——朴实而热烈的油菜花最符合画家生命本质的色彩。

梵高兄弟墓

乡村公墓北墙，梵高兄弟的简陋墓地被一片浓绿的常春藤遮盖着，梵高忠诚的朋友加歇医生把梵高最后安息之地选在他们第一次站到山顶公墓时，梵高喃喃自语“多么宁静而安详”的地方，墓后的石墙挡住了冬季凛冽的寒风，在这里可以俯瞰下面的瓦兹河流域和绿色山谷。加歇医生在坟墓周围种满了梵高最喜爱的向日葵。6 个月后，提奥辞世。他的妻子乔安娜将他葬在哥哥墓旁，使他们死后也不分离。

由于梵高最后居住之地的纪念馆已关门，次日我又早早从巴黎赶来，参观前又一次走进公墓，把两束百合花和雏菊献给梵高兄弟，梵高把大自然变为不朽的艺术，他在大自然的怀抱中得到了永生。

梵高生命的最后2个月是在奥维尔镇上的一家廉价小客栈——拉沃旅馆度过的，这是一栋带阁楼的两层小楼，从二楼经过一段狭窄的螺旋式木梯便到达阁楼上梵高租住的房间，这座每天3.5法郎租金的7平方米客房，阴暗、潮湿、家徒四壁，墙上的裂缝、锈蚀的门环和沉暗的墙面，显示出当年的窘困和寒酸，幽暗的房间通过斜顶处一扇半张报纸大的天窗采光，惨不忍睹的斗室仅能放置一张小床，住着落魄凄苦、身处绝境的梵高，正如旅店介绍中所言："这里没有任何东西可看，却可以感受到一切！"梵高死后，再也无人租住这间"自杀者之屋"，以致小屋得以保持如故。

梵高在拉沃旅馆阁楼租住的7平方米小屋

莫奈晚年开始收获成功的果实，梵高却以自杀的惨烈方式离开了他无比热爱却被无情抛弃的冷酷世界，神父拒绝为自杀者作弥撒、教堂不给灵车送葬，朋友们只好从附近的镇里借来一辆破旧的灵车。送葬前，加歇医生将拉沃旅店梵高房间及自己家里保存的梵高作品都挂到墙上，昏暗的旅店顿时熠熠生辉，像一座殿堂，加歇医生是第一位对梵高给予客观评价的朋友和伯乐："我们不要绝望，文森特的朋友们。文森特没有死，他的爱、他的天才、他所创造的非凡的美，将千古长存并为这个世界增添光彩。我禁不住时时要看他的画，每看一次，我都会发现其中有种新的信念和人生意义……他是一位巨人……一位伟大的画家……一位伟大的哲学家。为了他所热爱的艺术，他献出了自己的生命。"

有这样一句话，"发现天才的人也是天才"，加歇医生就是这样一位热爱艺术、心灵高尚的天才。

1990 年以 8250 万美元拍卖的《加歇医生像》

加歇医生是精神病学专家，也是喜爱美术并善于识别绘画天才的伯乐，毕沙罗、德拉克洛瓦、莫奈、塞尚、西斯莱和修拉等 19 世纪中期的重要画家没有哪一位不是加歇医生朋友的。加歇医生在独立画展上第一次看到梵高的《向日葵》时，就被感动得流下了热泪，他认为，就凭这几幅《向日葵》，梵高就足以不朽。

梵高绘画的巅峰之作《星夜》

这幅气势磅礴的星空景象，呈现出一种炫目的律动感，让人感受到梵高无法抑制的情感宣泄：漩涡状翻滚的天空，海浪般起伏的山峦，星星跟随着新月回旋、转动，绚丽的色彩在夜空喷射而出，直上云端的柏树从大地深处向上攀升，一股强大的生命气息扑面而来。我将《星夜》挂在书房墙上，每一天都从那火焰般的旋律中吸取着生命的力量。

我最爱的另一幅画——《麦田里的群鸦》

这幅极具悲剧色彩的画以极度阴郁感，画出了梵高绝笔之作的绝望和苍凉；天空在剧烈地摇晃，麦田在熊熊地燃烧，大地在乌云的笼罩下压抑、阴森、惊恐，人生所有的悲哀、痛苦和绝望，都从地平线一端扑过来……黑黝黝的群鸦预示着死亡的到来，看得令人生怵、哽咽……

梵高在奥维尔金色的麦田里画出了最后一幅画——《麦田里的群鸦》，暗示着死神的到来，1890 年 7 月 27 日，也是在这块麦田里他仰面对着太阳，把左轮手枪压在自己腹部开了一枪，就像急速还原的泥土，回到大地母亲的怀抱……他躺在小旅店斗室里受尽最后的折磨，两天后离开了这个他疯狂热爱，却被无情抛弃的冷酷世界，他对匆匆赶来的提奥说的最后一句话是："苦难永远不会结束"，正如麦田中蜿蜒伸向远方的绿色小路，没有尽头。

法国浪漫主义文学的奠基人夏多布里昂以宽慰之情在《墓畔回忆录》中说："多亏我长寿，我的纪念碑已经确立了。"而梵高只活了 37 岁，生前仅卖出一幅画，在穷困潦倒、病魔缠身的绝望中结束了自己的生命，想到两位文化伟人命运的反差竟如此之大，不禁潸然泪下……上苍赐予梵高悲苦人生，正是为了成就他日后艺术的辉煌。梵高——命该如此！

吴冠中大师写道："梵高，他扑向太阳，被太阳融化了"。这正是对梵高为艺术殉道精神最生动的写照！

2012 年 6 月 29 日

莎士比亚故乡行

莎士比亚
（1564—1616 年）

只要人类存在，或者人有眼睛，你就与我的诗同在，直到永远。

——莎士比亚

每隔一个时候，世界上就要产生一个这样的天才……使艺术、科学、哲学或者整个社会焕然一新……这些天才中的每一个都是包含在一个脑袋里的整个人类精神，他在某个特定的时代降临到这世界上来以实现进步。

——雨果《莎士比亚的天才》

我喜爱莎士比亚戏剧，那汪洋大海般深沉博大的艺术世界，是我青少年时代的灯塔。退休不久，我冒着严寒，匆匆踏上了莎士比亚故乡之旅。

他，一个平民的儿子，登上艺术宝座；他创造了整个世界，加以统治。

——英国诗人弥尔顿

莎士比亚故乡斯特拉福，位于英格兰中部交通要道，艾文河水穿城而过，风光绮丽、商贾云集。小镇周围是绵亘数十里的茂密深林，传说劫富济贫、除暴安良、深受百姓爱戴的绿林英雄罗宾汉就出没在这片森林里，莎翁在喜剧《皆大欢喜》和《仲夏夜之梦》中，也对这片森林作了描述。镇上纷繁多彩的民间传说、逸闻趣事和戏剧文化，使童年的莎士比亚饱吸民间文学营养，孕育了丰富的想象力，为日后创作积累了丰富的素材。翻开莎士比亚作品，如同打开一本大百科全书，自然界万物生灵、人间世俗百态，都在他笔下栩栩如生。歌德这样表述他对莎士比亚的尊崇：“他的著作刚读第一页，就令我对他终身折服，而当我读完他第一个剧本时，觉得自己好像原本是一个先天的盲人，是一双神奇的手刹那间使我得见天日”。但莎士比亚盖世才华并非完全降自天启，而是与他童年的生活环境和经历息息相关，斯特拉福滋养了天神般荣耀的莎士比亚，永恒的光辉照耀着这只摇篮。1595 年《罗密欧与朱丽叶》的上演，让莎士比亚名满天下并开始富裕起来，他把大部分收入投资在家乡。晚年的莎翁在家乡过着安逸的生活，他种花栽木、含饴弄孙，到郊外散步，欣赏大自然美景，心境就像一场大风暴后晴朗的天空。

莎士比亚故居

莎士比亚诞生的故居位于亨利街，是一栋屋顶陡峭、木制架构的都铎式民居。我等候了半个多小时，才随旅行团进入一楼，依次参观摆放着狭长木桌和长椅的餐厅；陈列动物皮毛、藤筐、剪刀和围裙等原料工具的莎翁父亲家庭作坊；尚未顾及细看客厅中黑色砖石砌成的壁炉、哥特式长椅和放着蜡烛的什物架，就因导游一句“你们现在走在莎士比亚走过的路上”激动起来，几十双眼睛紧紧盯着脚下由大小石块连接的地面，被施了魔法般一动不动，默默感受着靠近莎翁的幸运与神圣；经导游再三催促，我们才小心翼翼沿着狭窄楼梯走进二楼莎翁诞生的卧室，屋内的陈设同样是仿制品，却仍然唤起了游客心中圣洁的情感，直面莎翁诞生的床和雕刻木纹的小摇篮满目虔诚。听说，有一位女游客得知脚下橡木地板是400年前原物时，整个身体都趴在这块莎翁童年和青少年时代走过的地板上，这份虔诚，真是感人至深！愿她灵感迸发、才思泉涌。距莎翁故居1.5公里处，是莎翁母亲安娜·海特威的婚前茅屋，屋顶用麦秆铺成，室内陈设简陋、地板粗糙，颇具特色的是几件铁和木制器皿以及用树叶做原料的烛台，让人感觉时空错位，仿佛走进了都铎王朝的农舍。

莎翁墓地平板碑上刻有著名的四行字：
好朋友，看在耶稣的份上，
莫要挖掘这里的遗骸。
容此碑石者老天保佑，
移我尸骨者必受诅咒。

莎士比亚棺柩安放在艾文河畔的圣三一教堂，这座历史悠久的教堂塔尖耸立、青灰古朴、阴森肃穆、装饰华贵，莎士比亚就是在这座教堂接受洗礼和命名的，并长眠于教堂祭坛下。

令人悚然的碑文果然管用，善于挖掘故

事的华盛顿·欧文就从老教堂司事那里探听到：一些工人在挖地窖时泥土下陷，留下一条几如拱道的地段，穿过去即可进入莎翁坟墓。然而谁也不敢擅自碰他的遗骨，因其遗骨被咒语严加保护；为防止心怀好奇者或古物收藏家去劫掠，老教堂司事对莎翁的墓看守了两天，直至地窖完成，再次封洞。他告诉我，他曾壮胆往洞里看，既不见棺材也不见尸骨，只有一些泥土。但我想，看见埋葬莎士比亚的泥土也了不起呀。谁说不是呢？被上帝青睐的莎士比亚戏剧般地在自己生日那天去世，死后亦上演尸骨踪迹全无的奇闻怪事。观赏天才的灵魂，就是观赏无尽的海洋，面对眼前博大精深如海洋一样的人，我的心不由急促地跳动，深深地弯下腰去，向伴随我成长的《罗密欧与朱丽叶》《哈姆雷特》《仲夏夜之梦》和《麦克白》伟大作者致敬！他的作品是我价值观形成中一盏盏明灯，启蒙引导着一颗稚嫩朦胧的心。

对莎士比亚好评如潮，实乃身后之事。他生前横遭迫害、尽受辱骂，被禁止发表和上演其剧作，死后则被归入“无名之辈”，销声匿迹了。雨果在史诗般的巨作《论莎士比亚》中揶揄：“全世界向英国指明了莎士比亚的意义，英国人终于朝着自己光荣的一面觉醒……1864 年 4 月将是莎士比亚诞辰三百周年，英国将为莎士比亚树立一座雕像。这晚了，但很好……这会为英国增光，但却对莎士比亚无关痛痒。这个人已得到永恒的欢呼，得到诸世界和所有人的欢呼，那么王室、贵族、军队，甚至人民的敬意又算什么呢？”

坟墓上方的壁龛里，有一尊莎士比亚半身像，据说最酷似其人。他额头外拱、面容安详，似乎在愉快的接受世人膜拜。莎翁生前可从未指望会流芳百世，更未料到有这么多人来此膜拜。

浪漫主义文艺领袖雨果以慧眼独具的如椽巨笔，在文艺评论史上留下了史诗般的话语：“一切都在六尺地底下告终！不对，一切都从那里开始，从那里开花、生长、迸发，一切都从那里涌现！”只有大文豪才能真正理解文豪，雨果道出了人类几千年传承而下的精神世界。“死亡是一种力量。最高层次的力量，是思想。”莎士比亚高擎文艺复兴酝酿者但丁、开拓者薄伽丘和拉伯雷传下的火炬，把阿尔卑斯山圣火点燃，文艺复兴，终于可以画上圆满的句号了。

历史车轮前行至 19 世纪，莎士比亚的声誉更是如日中天，这片土地以隆重的骄傲来洗刷以往的无知。公家陆续收购了莎翁老宅及家人旧居，着手保护整修与莎士比亚有关的文物建筑并附设了博物馆，莎翁故乡逐渐被打造为民族祭坛、文化的圣殿。于是，每年有数百万游客背负着不同的文化涌入斯特拉福，企盼越过时空与莎翁灵魂直接交流，通过实实在在发现之旅，将莎士比亚还原成一个有血有肉、真实亲切的人物。走在斯特拉福小镇上，到处是莎翁标志、纪念品琳琅满目，诗人为家乡带来了滚滚财源。游客们则乘兴而来，满意而归。

告别了斯特拉福，我仍在为莎翁墓碑咒语暗暗惊喜，它毕竟严加保护着莎翁的遗骨。正如华盛顿·欧文所言："与之相比，在拥挤的威斯敏斯特教堂占有一席之地又算得了什么！……任何爱心、赞美和掌声，对心灵而言，毕竟没有来自家乡的那么甜蜜可爱。在家乡，他与亲人和早年的朋友团聚，获得安宁与荣耀。当心力疲乏、头脑衰退、暮年降临，他便如婴儿般天真地投入母亲怀抱，安睡于幼年生活之地的胸膛"。我想起了拉伯雷的临终遗言："拉幕吧，戏做完了"。

莎士比亚闭上了世俗的眼睛，活着的人却需要头上的灯塔。斯特拉福上空回荡着雨果的声音："牛顿之上有哥白尼和伽利略；克伦威尔之中有丹东和波拿巴；莎士比亚之上没有任何人。莎士比亚有平起平坐者，却没有高于其人者"。就连莎翁身边嫉贤妒能、讥讽莎士比亚"无知而庸俗"的诗人本·琼生，亦在《题威廉·莎士比亚先生的遗著》中写道："他不属于一个时代而属于所有的世纪"。可见，将"空前绝后"一词用于莎士比亚毫不过分。如今，有谁还会否认莎士比亚的光辉永不落呢！

2011 年 2 月 16 日

乐神的故乡——谒莫扎特、卡拉扬

古典音乐最伟大的作曲家——莫扎特

我心中的欢乐不是我自己的，我把欢乐注进音乐，为的是让全世界感到欢乐。

——莫扎特

我深信，莫扎特是“美”在音乐领域内所能达到的最高点。谁也没有像他那样令我痛哭，因为兴奋和认识到自己接近某种理想而战栗。贝多芬也令我战栗，但主要是因为恐惧和哀伤……对于莫扎特，我喜爱他的一切，因为我喜爱人的一切。我特别喜爱《唐璜》，我由它认识到什么叫音乐。

——柴可夫斯基

莫扎特
（1756—1791年）

莫扎特是上帝派到人间的天使，他的音乐是天国的语言，轻灵、纯净、欢乐，可以滋润抚慰人的心灵，无论男女老少，都能从莫扎特音乐中感受到生活的美好。他在35年短暂人生中，享受过辉煌的荣光，更多是承受着坎坷和忧患，历尽世态炎凉却从未停止微笑，他坦言：“我的舌头已经尝到了死亡的滋味，我的创作还是乐观的”。这位旷世奇才以病弱之身和超常勤奋，为人类音乐宝库留下了600余部作品。

萨尔茨堡粮食街9号是莫扎特的故居，当年这栋黄色楼房的4层住着莫扎特一家，音乐家在这里度过了他的童年时代。展室中陈列着音乐家生前亲手书写的乐谱、信件和幼年使用过的小提琴、钢琴，还特别珍藏着莫扎特的一缕金发，让人不禁想起音乐家生命后期的悲凉：他负债累累，却面带微笑再三向朋友鞠躬借贷；寒冬腊月无钱生炉火，抱着患病妻子跳舞取暖；临终前没有人为他祈祷，死后被草草葬入城外圣马克斯教堂埋葬贫民的合葬墓穴而无迹无寻。莫扎特短暂的一生，享受过无上的荣光。童年时代，这位“音乐神童”的名声就像长了翅膀一样，邀请其演出的信函如雪片纷飞，11岁时就被公认为作曲家，但更多是承受着坎坷和忧患，他以旷世奇才和病弱之身，历尽世态炎凉和不公。莫扎特逝世前一年在给妻子的信中写道：“如果人们能看透我的心，我几乎要感到羞耻——一切都是冷的，冰冰凉。”莫扎特吞下的是人生苦果，却将心中全部光明倾注到乐谱中，奉献世人。

莫扎特一家

莫扎特和姐姐娜奈尔弹奏钢琴，父亲利奥波德在一边小提琴伴奏，已过世的母亲在肖像中注视着他们。

从我少儿时代朗朗咏唱的《摇篮曲》《小星星》，到沁人心脾、绵绵情思的小夜曲；从诙谐华彩、柔情浪漫的《第四十号交响曲》《法国号协奏曲》，到气势磅礴的《土耳其进行曲》，无不在我似水年华中激起过一波又一波欢乐的浪花，为日后欣赏万花筒般的音乐世界推开大门。当我心绪抑郁或低沉之时，听几首莫扎特乐曲，就如一缕清爽柔和的风徐徐吹来，进入一种豁然、宁和的心境，这就是莫扎特音乐的神奇之处和魅力所在。如何向音乐家表达感激之情？我曾在维也纳中央公墓为莫扎特献过花，但那是一座没有遗骨的空墓，与故居内浸透莫扎特生活气息的感受大不相同。

莫扎特在25岁离别故乡前，如同幽闭在笼中的鸟，只能谱写心胸狭窄的科罗莱多大主教“奉命之作”，失去自由的音乐家飞出牢笼后再也没有回过萨尔茨堡。但大主教的专横无法阻拦故乡人对莫扎特的热爱：1842年萨尔茨堡在莫扎特广场中央矗立起莫扎特全身铜像，音乐家站在高高的石座上神态庄严，左手拿乐谱，右手紧捏着笔，英雄般直面教堂，仰望这寓意深刻、撼人心魄的创意，我终于意识到，莫扎特不仅仅是万世景仰的音乐家，更是为音乐自由创作，同宗教禁锢进行斗争的勇士，他改变了历史；为纪念这位英年早逝的“音乐上帝”，自1945年起，萨尔茨堡每年都举行为期5周的莫扎特国际音乐节；他们还将联合国教科文组织1997年授予萨尔茨堡“世界文化遗产”的石碑，镶在莫扎特雕像前的地面上，以此表明莫扎特在这座城市中的精神价值，他是萨尔茨堡的灵魂。

萨尔茨堡广场上矗立的莫扎特塑像

莫扎特这样描述自己："我把欢乐注入音乐，为的是让世界感到欢乐"。捷克作曲家德沃夏克在教授学生莫扎特音乐时，请一位学生到窗口眺望，并问看到了什么。对学生的一脸茫然，德沃夏克感叹道："太阳！"莫扎特就是太阳：他浩如烟海的作品为人间播洒光明、温暖、芳香和永恒的爱。

莫扎特墓

2007 年 12 月

指挥帝王卡拉扬

指挥真是一种神秘的体验。进入佳境时，我完全忘记了自己是在做什么。我的双手经过了三十年的训练，已从我的感觉之中独立出来了——它们会自发地挥动，音乐如流水般汩汩涌流，直到我完全忘记这是我的手在挥动。

——卡拉扬

卡拉扬

（1908—1989 年）

萨尔茨堡引以为荣的另一位乐神是卡拉扬。他的故居位于老城区萨尔茨河畔，是一座浅灰色的4层楼房，院内立有一尊卡拉扬指挥造型的铜像。

卡拉扬是世界音乐指挥史上一座伟大的丰碑。我同众多乐迷们一样始终忘不了这位指挥帝王独有的艺术风度和魅力：冷峻威严的面容、雪白的头发，双目紧闭下的双手如施展魔法般抓住了你的灵魂，使每一位聆听者都陶醉于音乐之中和忘我境界，正如评论家所赞誉的“看卡拉扬指挥就像欣赏爱神的美一样”。无缘现场膜拜这位指挥帝王的艺术风采实乃一大遗憾，但所珍藏的卡拉扬指挥柏林交响乐团演出光盘仍然带给我莫大的艺术享受。

卡拉扬是一位有着非凡天才的指挥大师，他身上有着超群的艺术气质和磁石般的感召力。小泽征尔就说过这样的话：“卡拉扬身上似乎有一种魔力，能将你很自然地纳入他所创造的艺术境界中去”。他的指挥风格非常鲜明，既有高度的激情，又有磅礴的气势，能够在听众心中产生强烈的共鸣。而宏伟壮观的气魄和精密严整的结构，更是他指挥艺术中独一无二的特点。卡拉扬记忆惊人，除新作品外，他始终都是背谱指挥的。正是由于他始终把全面和完美作为自己唯一的艺术目标，才能够成为世界上指挥曲目最广泛的指挥大师，其规模与范围可用包罗万象来形容。他的艺术魅力是历久弥新、取之不竭的。据说有一次，卡拉扬原定在维也纳金色大厅指挥海顿的《创世纪》，后因故取消了演出，改由另一位指挥家指挥，演出时音乐厅的座位竟空了一半。正如一位维也纳乐评家所言：“人们去音乐厅并不是为了听海顿的作品，而是看卡拉扬的指挥……哪怕卡拉扬指挥的不是乐团，而是一套立体音响系统，人们也乐意花钱去看。”

卡拉扬还以提携后生著称，在指挥界，阿巴多、小泽征尔、扬颂斯及我国的汤沐海等人，都长期受惠于卡拉扬的关怀提携，对来自中国且无名望的年轻指挥家汤沐海，卡拉扬不仅专门观看了他在“卡拉扬国际指挥比赛”的演出，还给予汤沐海一年后指挥柏林爱乐乐团音乐会的莫大荣耀，在其跟随卡拉扬学习两年后，卡拉扬亲笔给中国政府写了一封信，希望有才华的汤沐海能留在欧洲继续学习，汤先生真是幸运之至；小提琴家穆特、钢琴家基辛，也是在卡拉

卡拉扬一家

扬的一手发掘下被推上音乐舞台、攀上艺术巅峰的。才华横溢的穆特13岁时应卡拉扬之邀前往柏林进行试奏，她的演奏令卡拉扬如获至宝，评价："她简直就是为小提琴而生的天才"，并从此开始了二人的合作。在2009年纪念卡拉扬100周年诞辰音乐会上，穆特再次演奏了曾与卡拉扬25次合作演奏的贝多芬《小提琴协奏曲》，她神情黯淡、满怀深情地说"那一晚，我能感觉到卡拉扬的精神，他陪伴着我，一直在台上。在我看来，卡拉扬的离世并没有令他深邃的灵魂离我们远去，他鲜活地存在于我们之间并永远追随着他诠释过的每一个乐句，特别是那些与他曾经紧密相连的伟大作品"；1988年柏林爱乐乐团新年音乐会上，80岁的卡拉扬被17岁的俄罗斯钢琴家基辛搀扶上台，一老一少合演了《第一钢琴协奏曲》，而卡拉扬举手投足间显示出对这位俄罗斯音乐神童的慈爱，让人十分感动。基辛在自己的"自传"中回忆："人生所达极致的心境，只是罕见的瞬间、时间和一日，对我来说，其中之一就是1988年8月9日，那一天，我第一次遇见了伟大的赫尔伯特·冯·卡拉扬。我一曲奏毕，寂静的气息弥漫在空间，我站起来走了几步转向大家，再走近，看见卡拉扬脸上没戴太阳镜，巨匠用手帕擦拭眼睛……卡拉扬先与我握手，与我母亲一边握手一边用英语说，'他是天才'。我从未有过这样的一天……人生迄今为止也可以说是最难以忘怀的珍贵一天。"卡拉扬夫人说："和他生活了三十多年，他受感动的场景还是第一次看到。"

生命的最后一年，这位81岁高龄，身体虚弱的老人还计划随柏林爱乐乐团进行巡演，并监制了威尔第名曲《假面舞会》的唱片，随维也纳爱乐乐团访问纽约，组织并参演了澳大利亚萨尔茨堡城的复活节音乐会，筹划了夏季庆典；同时，他还以只争朝夕的姿态努力推进他的唱片录制计划，甚至在临终前最后几分钟，卡拉扬还手握指挥棒及铅笔，与老朋友索尼公司总裁大贺典雄及助手在交谈。

卡拉扬是20世纪录制唱片最多的指挥家之一，他唱片的销量早已超过1.5亿张，即便去世后其唱片销售势头仍然不减当年，尽管赫伯特·冯·卡拉扬已经无法亲眼见到这一盛况。

2010年11月28日

举起斯美塔那的指挥棒

斯美塔那
（1824—1884 年）

在布拉格查理大桥南侧，矗立着捷克民族音乐创始人贝德里赫·斯美塔那的一座雕像，他忧郁而深邃的目光凝望着伏尔塔瓦河，似乎在回忆自己坎坷而荣耀的一生。我有幸顺道朝圣他的故居，实乃意外的惊喜。

斯美塔那是一名音乐神童，他四岁开始学习小提琴，五岁就能演奏海顿的室内乐作品，六岁演奏钢琴并开始作曲。斯美塔那成功地将通俗题材艺术化，形成了具有浓郁民族特征的创作风格。他的创作范围包括歌剧、交响诗、室内乐等，非常广泛，其中歌剧《被出卖的新嫁娘》在 1866 年的公演使他名声大振，奠定了他在音乐史上的地位。

斯美塔那在失聪和身患重病时，用心灵创作出了展示捷克民族意志和风土人情的交响诗组曲《我的祖国》，感动了世人，至今流行不衰。这是一幅充满爱国主义激情的壮美画卷，对于自幼痴迷大海的我，自然更偏爱第二乐章《伏尔塔瓦河》，并将其收录于 MP3，经常在休息之时，跟随着斯美塔那的音乐旋律，脑中浮现出瑰丽庄严的伏尔塔瓦河如何由“两条小溪逐渐汇合成巨流，流过了响着猎人号角回声的森林，穿过丰收的田野，在岸边农村婚礼的欢声中，从峡谷激流奔涌而出，在布拉格宽阔的河床中溅起浪花飞沫，月光下，水中仙女在翻腾的浪尖上翩翩起舞”的醉人画面。这套组曲中《伏尔塔瓦河》是被世界上著名乐团演奏最多的一个乐章。

斯美塔那纪念馆入口处，是出售斯美塔那经典唱片和明信片、书签等纪念品的小店；在靠近彩色玻璃窗之处，立着一个黑色的石柱，柱上刻着作曲家的生卒年月，上面是斯美塔那黑色的半身雕像。室内墙上挂着作曲家和家人、朋友的照片以及书信和宣传品；乐谱架上摆放着《我的祖国》原始曲谱，曲谱留白处，斯美塔那用斯拉夫文标注着“查理大桥”和“伏尔塔瓦河”的字样，这是他生命和创造的源泉。凝目已经泛黄的乐谱，想到音乐家因为耳疾和体衰致使精神失常，在精神病院带栅栏小房间里饱受折磨、惨不忍睹的最后时光，泪水夺眶而出，我的悲伤打动了馆内一位年迈的女管理员，她非常热情地走过来，让我坐在斯美塔那私人钢琴的椅子上拍照，还让我站上圆形指挥台，举起斯美塔那当年用过的指挥棒留念，难忘这位女士，愿她健康幸福！

举起斯美塔那的指挥棒

在欧洲音乐史上，捷克音乐是一颗晚熟的果实。19 世纪的捷克模仿和附庸德国、意大利音乐，是斯美塔那最先创作出具有捷克民族风情的全新作品。他一生呕心沥血致力于振兴和发展民族音乐，触及了当时一批没落贵族和文人的利益，每当斯美塔那写出一部新作品，他们就在报纸上不着边际地进行诽谤谩骂，他们斥责斯美塔那的音乐是登不了大雅之堂的“农民音乐”，甚至还串通官府来拖延、阻止斯美塔那作品的上演。他的歌剧《两个寡妇》在 1874 年上演时，又受到这伙人的强烈攻击和诋毁，使劳累过度、疾病缠身的斯美塔那再也支持不住了，他永远失去了听觉。

失聪后的斯美塔那几乎丧失了理智和生活信心，家人将他带到了空气清新的幽静乡间，他经常和家人一起登上山顶，遥望着祖国美丽的山河，内心的感慨喷涌而出，重新燃起了用音乐讴歌祖国壮美风光、赞美捷克民族伟大顽强的创作激情，在失聪 5 年后创作出了大型交响诗套曲《我的祖国》。

斯美塔那不仅为发展民族音乐作出了杰出贡献，还是一位伟大的爱国者。1848 年，捷克爆发了反对奥地利统治的民族解放运动——布拉格六月起义，斯美塔那作为人民自卫军的战士积极投身于这次伟大的斗争，并在战火中创作出一批具有革命思想的作品，这些作品至今仍在捷克民间广泛流传。起义失败后，斯美塔那遭到奥地利统治者的迫害，于 1855 年被迫流亡国外。直到 1861 年捷克民族解放运动新的高潮到来之际，他才从瑞士海登堡回到祖国。

每年“布拉格国际音乐节”开幕式上，《我的祖国》都是必演曲目，捷克人以此殊荣纪念这位开创民族音乐先河的作曲家。斯美塔那虽然不写交响曲和圣乐，也很少创作室内乐，是捷克作曲家德沃夏克填补了这些领域的空白，且两人同为捷克民族音乐的奠基人。但在捷克人眼中，斯美塔那的地位是至高无上的。指挥帝王卡拉扬十分青睐这两位作曲家，德沃夏克的交响乐

《自新大陆》和斯美塔纳的《伏尔塔瓦河》都是他非常喜欢录制、演绎的炫技曲。

1884 年 5 月 12 日，斯美塔那终于走完他一生的道路，病逝于布拉格州立精神病院，终年 60 岁。送葬队伍陪同音乐家从教堂一直走到维舍拉德公墓，传说这个公墓曾经是个城堡，斯美塔那曾用他的音乐颂扬过它，人们就在这里将他安葬。当天晚上，民族剧院演出了斯美塔那最杰出、欢快的作品《被出卖的新嫁娘》。

走出故居，望着银波闪闪的伏尔塔瓦河，仿佛听见流淌的河水在呼唤作曲家的名字，我明白了，他的名字就写在这条母亲河上，他的灵魂已随着奔流不息的伏尔塔瓦河蜿蜒而去。

2010 年 11 月 6 日